U0107437

三官碑刻辑录

（初编）

宋军朋　雷伟平　辑录

国家社会科学基金项目资助

线装书局

图书在版编目（CIP）数据

三官碑刻辑录. 初编 /宋军朋，雷伟平辑录. --北京：线装书局，2023. 12

ISBN 978-7-5120-5796-8

Ⅰ. ①三… Ⅱ. ①宋…②雷… Ⅲ. ①碑刻 – 汇编 – 中国 Ⅳ. ①K877. 42

中国国家版本馆 CIP 数据核字（2023）第 243346 号

三官碑刻辑录. 初编

SANGUAN BEIKE JILU. CHUBIAN

作　　者：宋军朋　雷伟平　辑录

责任编辑：于建平

出版发行：线装书局

　　　　　地　　址：北京市丰台区方庄日月天地大厦 B 座 17 层（100078）

　　　　　电　　话：010-58077126（发行部）010-58076938（总编室）

　　　　　网　　址：www.zgxzsj.com

经　　销：新华书店

印　　制：三河市龙大印装有限公司

开　　本：710mm×1000mm　1/16

印　　张：18.75

字　　数：180 千字

版　　次：2024 年 4 月第 1 版第 1 次印刷

印　　数：0001—3000 册

定　　价：88.00 元

线装书局官方微信

序

三官信仰十分古老，但是至今依然富有活力。先秦时期，关于天的祭祀，地的祭祀，还有川泽之水的祭祀，都是非常正规的祀典。这些正典信仰与后来的天、地、水信仰有联系，但不能说成完全是一回事。东汉时期，汉中张脩（一说张衡），修行五斗米道，其为人治病，便书其姓名，以及服罪之意，向神祈祷，其书作三份，"其一上之天，著山上，其一埋之地，其一沉之水，谓之三官手书。"《三国志·魏志·张鲁传》之裴注引文，最早记录了这件事。张鲁在蜀中，推进了这种三官信仰，民众广泛参与。一般来说，我们应该从这里开始考察三官信仰的历程。即使是从东汉开始算起，三官信仰的历史也接近两千年，所以三官信仰是中国源远流长的信仰类型。三官信仰与道教同时代发生，也是道教的源头之一，因此道教文化中有丰富的三官文化。三官信仰没有列入国家祀典，是民间信仰与道教信仰的合体，民间色彩浓郁。

三官信仰的起点是悔罪并求其赦罪，以便此生或者来世不遭罪罚。近年河南嵩山考古发掘出来武则天的金简，都在祈求三官赦罪。可见很长时间以来，人们希望通过忏悔其不当行为，得到三官即天官、地官和水官的宽恕，从而解除病痛和苦难。这就是说，后来广为人信奉的天官赐福的叙事，当时是不存在的。约在南北朝时期传下来的一部早期天师道经文残卷《正一法文经章官品》里提到"三官"，提到"天官"，均不涉及"赐福"问题。当年三官似乎不是好名，社会上称其为"鬼道""米贼"不乏其人。北魏寇谦之甚至斥为"三张伪法"。所以三官信仰必须与时俱进改变发展，开辟新的局面。

首先，在地域上，从西南到中原，北上发展，而在东南华南产生很大的反响。我们看到所谓的天门三将军唐宏、葛雍、周武三位周代谏官，都是落迹于吴地，甚至帮助吴人击退楚军，显然是东南故事。而三官为三茅兄弟，更是道教东南渐的叙事。至于将三官理解为文天祥等宋臣，则明显是南宋以来的爱国主义、民族主义的精神彰显，流行于闽粤与中国台湾地区，增强华夏文化认同。三官信仰的地域性加强了信仰的扎根深度。

其次，在保持天、地、水这些根本的自然信仰的基础上，三官之神不断人格化。如前述唐葛周三兄弟说、茅氏三兄弟说、文天祥等三宋臣说，加上影响更大的三官尧舜禹说，丰富了三官信仰的内涵，也使得三官之神根据具有可感性。三官信仰实现了自然崇拜与人文崇拜的统一。

再次，三官信仰以道教为基础，也不断吸收佛教元素，以至于有佛寺也建有三官殿，赦罪、解厄本来就有面对来世的功能，这与佛教轮回相关联。特别是与儒家文化结合，体现强大的适应能力。把尧、舜、禹纳入三官体系，从尧、舜、禹叙事的内涵有可关联之处，如大禹治水，列为水官可谓天衣无缝。更重要的意义是与儒家圣人携手，把儒道互补的中国文化特色演绎得淋漓尽致。

同时，三官信仰对其功能进行了重大的拓展，这就是将相对单纯的赦罪、解罪功能扩展为祈福、赐福之用，满足人们对于美好生活，对于吉祥时运的期盼。"天官赐福"这一主题，究竟起源于何时还待深入考察，我们在南宋吴自牧的《梦梁录》里看到了这样的表述，"正月十五日元夕节，乃上元天官赐福之辰"。应该说，南宋时期，天官就从解罪增益了赐福的功能。至于有些相关表达说，梁元帝有一篇叫《旨要》的文章，说上元为天官赐福之辰，这似为后世所托言。今查唐前文献，很难见到天官赐福一语，严可均辑《全上古三代秦汉三国六朝文》梁元帝文，未收录天官赐福的表述，今传《梁元帝集》也未见《旨要》篇。

南宋道士宁全真授《上清灵宝大法》多次出现"天官赐福""赐福天官"等表述，并清晰分解了三官的三种功能：天官赐福，地官赦罪，水官解厄。天官赐福表达时间与南宋吴自牧所述时间一致。中国节日经典文献《荆楚岁时记》写于南朝齐梁时期，不见有中元节的叙事，也无天官赐福的表达。《东京梦华录》是回忆北宋都城的文献，写于南宋早期，写到当时都城东京（今开封）的正月十五的情形，也无天官生辰的庆典故事。南宋前有无天官赐福故事我们还要进一步考察。南宋以来，天官赐福叙事的发生，使得三官信仰在民间社会产生更加广泛的影响。

天官赐福叙事引发的仪式活动，将原来的一种将解罪文书著山、埋地、沉水的仪式变成了正月十五、七月十五和十月十五三个节日，与此伴生了广泛的民俗活动。上元节与元宵节结合，中元节独树一帜，这两个节日至今影响甚大，而下元节也因为是禹大帝的生日，在过去也有同等的影响，在今天其文化遗产也在传承重建中。很少有一种信仰会有三个节日时间，三官信仰是唯一的。至今上元节、中元节还是如此仪式庄重盛大，前者是中国少有的一个狂欢节，后者则是难得的人神人鬼交流的盛典，也是儒道佛多信仰交织融合的一个节日。

三官碑文里有种说法很有代表性，上古以来的天神地示信仰，只是皇家的专项，普通民众不能参与，三官信仰是一种改变了形式的天地信仰，是给了老百姓的专门的权利，也是培养老百姓的感报意识，天覆、地载、水养，自然之恩不能忘怀。老百姓也是通过三官仪式参与了国家的信仰，形成了共同的文化认同、民族认同、国家认同，所以三官信仰就是如此不同凡响。三官信仰向周边国家传播，为周边国家广泛信仰，影响"一带一路"沿线国家，成为中华文化圈的显著特点，也就不足为奇。

面对三官信仰这样丰富而博大的文化，研究者往往很难处理这样复杂的文化体系。而在信仰谱系、民俗谱系的视野下则可以得到很好的透视。此前雷伟平博士的三官研究就是在谱系学说下取得的突破。信仰谱系、民俗谱系，以及神话传说谱系，包括后来提出的非遗谱系，都是文化谱系观之下的一种解读视角。文化谱系观强调文化形态的整体性、联系性、秩序性与多样性，将其作为基本的文化观点，这是文化的"四经"。而文化的时空谱系、族群谱系、内涵谱系与形式谱系，则是文化的"四纬"，经纬交织，成为谱系学说的四维结构。比如时空谱系，都是整体性、联系性、秩序性与多样性的存在，族群、内涵、形式诸谱系也是这样；反过来，文化的整体性，也是时空、族群、内涵与形式的谱系构成，考察联系性、秩序性与多样性也是如此。联系互动性，是文化谱系的存在形式，谱系研究就是联系的研究，互动的研究，也就是文化共同体认同的研究。这其中，每个要素都有非常丰富的内容，比如形式谱系，我们讲叙事谱系，有语言文字叙事谱系、仪式行为叙事谱系和图像景观叙事谱系三种基本形式，这些我们很多人都在娴熟地应用，并有很大的发展。如有人拓展景观叙事到景观生产，有人在博物馆叙事领域拓展三种叙事的空间，有人从事仪式叙事的研究，视野十分广阔。谱系学说作为中国人文社会科学的自主话语，有一大批学者在领头拓展，也有一大批学子在一起共同研究探索。文化谱系说已经有国家社科基金重大项目、重点项目和一般项目十余项，大量论著论文发表出版。文化谱系研究，目前主要在神话传说谱系、民间信仰谱系、民俗谱系和非遗谱系几个区间拓展。文化谱系的研究范围，由研究者的研究视野决定，也由研究需要来限定。微观世界有其谱系构成，宏观世界也有其谱系框架。文化谱系的边界是有界限的，也是开放的，发展的。所以一种文化谱系有其生命历程，有的如日月行天，长盛不衰，有的昙花一现，转变转化。发生、演变、中断、衰亡、重建、新变，一种文化谱系在其发展过程中会呈现多彩的复杂的形态。信仰谱系作为文化谱系的一种类型，有其自身的特点，也有其文化共性。三官信仰研究是推进信仰谱系研究的一项重要成就。

迄今为止，三官文化研究的著作不多，多是雷伟平博士的成果。她不仅完成了三官信仰的博士论文，也与宋军朋博士一起完成了三官信仰谱系研究的国家社科基金项目。他们的研究，推进了中国民间信仰研究的方法与理论思路的进步。文化谱系研究，从地方的视角看，是地方文化资源及其地方间的联系的问题；从国家角度看，是多元一体中华民族共同体的问题；从世界的视角看，则是人类命运共同体的问题。因为整体性、联系性、层次性与多样性，无不都是地方、国家与人类的根本问题。雷伟平、宋军朋研究三官信仰，关注信仰谱系，更关注谱系的核心：认同问题。所以他们把三官文化的神话与民间信仰问题做大了。

现在，他们把目光集中到传世的碑刻文献。宋军朋作为古典文献学专业的博士，是碑刻文献整理的主要负责人；雷伟平从古籍整理硕士毕业后攻读民俗学博士学位，他们的文献整理有新的风格。他们将三官碑刻汇为一编，此诚为中国三官信仰的一件大事，为中国三官文化的传承，三官文化的研究，提供了宝贵的资料。这部碑刻集收录从唐代到当代凡157篇，可追溯三官信仰千余年的历史进程，而空间上则遍及全国20多个省市，覆盖了中华大地的绝大多数地区。所以这一编在手，可以纵观三官信仰的历史与地域的文化形态。碑文所涉各地三官信仰的对象、功能、演进历程，以及信众成分、宫观建筑、配祀供奉等，呈现了多样的形态。关于这些内容，本书的前言里有很好的阐述，这里不赘述。

三官碑刻辑录以时空为经纬，体现出文献整理者的严谨的态度。迄今所见三官信仰传世之碑刻文本，尽可能搜集齐备。与一般古籍整理者不同，他们还下了很大的功夫做田野调查，他们到各地三官信仰的宫观去搜集碑刻文本，访谈相关信仰形态，所搜集的三官碑刻文本便具有了很强的现实感，人们可以据此考察三官文化的活态传承。其中来自台湾的三官碑文，多是现代撰述勒石，不仅体现了两岸信仰传播的空间谱系形态，也见出碑刻文献在文化传承中的现实意义。这部碑刻的编撰辑录，让我们看到了在文献整理中，学科交叉所具有的特殊意义。

碑刻作为信仰的语言文字的叙事，在文化实践中，很多情况下是作为景观呈现的。语言文字化为景观，有时成为圣物，所以，碑刻的语言文字与一般的语言文字的性质是不同的。勒石为铭，是重大事件。所以其文字所述，应该与一般语言文字加以区别。

碑刻是非常人所撰，非常人所书写刻石，记述非常事件，文章表现非常功力，期待非常影响。我们在书中看到了熟悉的司空图、徐阶、归有光等大名鼎鼎的人物的手笔，甚至乾隆帝的御制碑文，这些碑刻份量之重可见一斑。在纸质文本和其他书写介质易于损坏的情况下，金石流传久远，对于文化的传承具有突出意义。

这些碑文还有一个重要价值：就是为当下三官信仰复兴提供一个参考文本。新建三官相关建筑设施，碑刻是不可或缺的标配，如今哪些人还能够撰写碑文呢？我们曾培养博士生专门研究与实践，其中传统碑文范本，是非常重要的文化传统的基础。

三官文化，历久弥新，长盛不衰，是中国优秀传统文化永续传承的见证。而三官研究也是任重道远，从上海三官信仰、中华三官信仰，到世界三官信仰，期待宋军朋博士、雷伟平博士，以及新一代的学者们奋发努力，树立三官信仰研究的丰碑。

2023 年 11 月 5 日　海上南园

前　言

一、缘起

　　三官碑刻是了解和研究道教与民间三官信仰及其文化的重要历史文献，也反映出儒道佛三教融合的历史面貌。三官碑刻，有的存于唐宋以来至民国时期的诸多地方志中，有的存于古代著作文集，还有的则存于三官宫观庙宇中的金石上。根据目前的统计，现存的三官碑刻文献，约450篇。从时间范围来看，最早见于唐代晚期，其次为宋元、明清、民国时期，一直到现当代；从地域分布来看，遍布全国大部分地区，从东北（辽宁）到华北（北京、天津、河北、山西），从西北（陕西、甘肃、新疆）到西南（重庆、四川、贵州、云南），从华东（山东、江苏、安徽、上海、浙江、江西、福建）到华中（河南、湖北、湖南）、华南（广东、广西）以及台湾地区，都有不同数量的碑刻文献存在，其中以山西、河北、陕西、山东、江苏、河南六省的数量突出，尤其是山西省为最多（201篇）。其余八个省级行政区（吉林、黑龙江、内蒙古、宁夏、青海、西藏、海南、香港、澳门）的三官碑刻文献，因为综合条件限制，还在调查搜集中，有待更新。

自 2017 以来，本人有幸参加雷伟平博士主持的国家社科基金项目"中国三官信仰的谱系与文化认同研究"（17BZJ059），负责关于三官综合文献（包括碑刻、诗词、楹联、神话传说故事、节日习俗等）的搜集整理，并完成该项目的成果二《三官文汇》，其中三官碑刻文献是这一成果中非常重要的部分。具体来说，通过广泛地文献搜集和田野调查，首次对零散、分散、未归类的三官碑刻文献进行汇集整理成帙，形成《三官碑刻辑录》，数量约450 篇。鉴于其数量大、整理难度高，因此初步选录其中的 157 篇，经过仔细校点和附加简注，形成《三官碑刻辑录》（初编），这是目前三官信仰及其文化研究的最新文献成果。

二、主要内容和学术价值

《三官碑刻辑录》（初编）中的这些碑刻文献，内容丰富，包括追述三官宫观庙宇兴建的渊源、缘起和建造过程，阐发对三官信仰内涵的认识，并对其社会影响和作用进行评价，反映出三官信仰以"天地水三官"为核心的多元化发展形态，是三官信仰及其文化在官方和民间共同推动、相互影响下，在不同时期和不同地域广泛传播的历史见证，是了解和研究三官信仰及其文化的重要历史文献，具有丰富的学术价值。

本编的碑刻文献为 157 篇，首先，从地域分布来看，华北地区 40 篇，其中北京 10 篇、天津 2 篇、河北 18 篇、山西 10 篇；东北地区 6 篇，全为辽宁；华东地区 58 篇，其中山东 10 篇、安徽 7 篇、江苏 18 篇、上海 5 篇、浙江 10 篇、江西 5 篇、福建 3 篇；华中地区 12 篇，其中河南 8 篇、湖北 2 篇、湖南 2 篇；华南地区 6 篇，其中广东 5 篇、广西 1 篇；西北地区 11 篇，其中陕西 6 篇、甘肃 4 篇，新疆 1 篇；西南地区 10 篇，其中重庆 1 篇、四川 1 篇、贵州 1 篇、云南 7 篇；台湾地区 14 篇，其中新北 1 篇、桃园 4 篇、台中 2 篇、嘉义 1 篇、台南 5 篇、高雄 1 篇。其次，从成文年代分布来看，分别为：唐代晚期 2 篇（第 64 篇和第 123 篇）、北宋时期 1 篇（第 87 篇）、元代 3 篇（第 65 篇、第 97 篇、第 105 篇），明代 58 篇、清代 71 篇，民国至当代 22 篇，以明清两代的碑刻数量最多。明代的碑刻，覆盖成化、弘治、正德、嘉靖、隆庆、万历、天启、崇祯年间，以嘉靖和万历年间的数量最为突出，分别为 16 篇和 18 篇。清代的碑刻，覆盖顺治、康熙、雍正、乾隆、嘉庆、道光、咸丰、同治、光绪年间，以康熙、乾隆、道光年间的数量最多，分别为 15 篇、13 篇、13 篇。

三官宫观庙宇作为三官信仰文化传播的实体建筑，在碑记中记述了它们的建造情况，多为在原有基础上的重建、重修，即从"残庙"到"完庙"，而且这些重建或重修，不只是一次、两次，甚至多次，反映出三官信仰文化不断被复兴和发明的历史过程。供奉三官的这些宫观庙宇，其中大部分主祀三官，并分别配祀不同数量的其他神灵，比如文昌、关王、虫王、观音、玉帝、药王、财神等；也有少部分配祀三官，因为神圣空间和主体地位的消失，三官成为道教或佛教中其他主祀对象的陪祀。不论是主祀还是配祀的三官，其具体神灵形态有六种：自然神天地水三官，唐葛周（唐宏、葛雍、周武）三官，龙女三子三官（陈子椿与龙女所生），尧舜禹三官，三茅（茅盈、茅固、茅衷）三官，"宋末三杰"（文天祥、陆秀夫、张世杰）三官。这六种形态中，自然神天地水三官是这些三官宫观庙宇中三官供奉的最主要对象，流传全国；其余五种仅占少数，而且仅在区域流传，比如第73篇中为供奉三茅三官，第104篇为"宋末三杰"三官，第82、91、92、93、154篇为唐、葛、周三官，第149、157篇为尧舜禹三官。特别是在闽台三官信仰的传播与交流中，天地水三官、唐葛周三官和尧舜禹三官早在明清时期就从福建漳浦、泉州等地传入台湾地区并且在其很多地方开枝散叶，以上篇目里都有丰富的历史记载。更值得注意的是三官信仰与台湾地区少数民族之一的平埔人"尪祖公"信仰的融合发展，也是汉族与平埔人融合发展的历史见证："埔汉共祠人共生，族群融合福同享"（第154、155篇），反映出中华民族共同体在台湾地区融合发展留下的不可磨灭的历史面貌，是中华民族共同体意识的历史渊源之一。

这些宫观庙宇的重修者或重建者，常常是官方与民间力量并存，甚至是官方与民间力量的融合，具体表现为从少数人士（比如官吏、士大夫、道士或和尚主持、商贾及其他虔诚信众等）发愿倡导，到当地名望之士、乡绅或信众的附和支持，共同发起募化，带头捐资并号召更多信众或群众捐资献物或出工出力，最后群策群力地完成重修或重建。特别是，这些发愿倡导的少数人士当中，和尚或僧侣的角色和作用比较独特，作为佛教徒，他们主持原先由道人所建造的三官宫观庙宇的，负责其日常经营管理，又是其重修或重建的主导者，并将佛教信仰崇拜引入其中，成为三官信仰文化复兴和发明活动中的一种独特的文化现象，生动地反映出佛道信仰文化在宗教实践上的相互融合（比如第 8、29、30、43、56、62、70、80、95、96、99、100、115、116、129、134、138 篇）。这种相互融合也折射出道教与佛教两种力量以三官神圣空间为据点在某一历史时期的此消彼长，比如三官庙主在佛道之间的屡次更迭的记述："自元、明之世，建三官庙于其上，其间为僧为道士，迭为庙主者屡矣。有川僧者因其倾圮，欲易三官为佛，又欲易留台之旧号，而加以招提、兰若一切虚诞之名。"（第 8 篇《重修留台尖三官庙碑记》），而且地方官还有意识地介入并推动这种融合，而当初住在庙中的僧人也未必理解其意图，疑惑地发问："黄冠缁流，派既各别，名苟不称，毋乃鹊巢鸠居乎？"作为地方官的唐使君也是捐资重修者，则解释说："然予之为此者，非以佞佛，乃以佐治也。"（第 95 篇《知县王明道（三官殿）记》）不是谄媚佛教而是以佛辅道，促使两者融为一体，以便于更好地服务当地的社会治理，所以僧徒们"月心、晓悟之徒，若愚光、自智、法心、纯初诸上人"以及化舟上人，之所以能不断重修完善此三官殿，乃是受唐使君之志的影响。

此外，商贾（特别是盐商）及其商会组织也是不少三官宫观庙宇及其附属建筑的重修或重建的主要推动者、重要捐资者，并发挥了重要影响，比如山西洪洞县的一座三官庙，乃是"洪邑永顺号"等三十多个商号共同捐资重修而成的（第39篇《重修三官庙碑记》）；两淮盐商群体捐资重建三官殿（第72篇《积金山庵重建三官殿记》），可见盐业与三官信仰文化的传播有着不同程度的联系，无论是天津（第12篇《重修塞上盐母三官庙碑记》）还是云南（第139篇《黑盐井重建三元宫记》）；山东里固三官庙曾增设立义学（第52篇），乃是山西义商马氏兄弟的捐资善举，村民们重修时将这一善举加以发扬，可见其重要影响。同样，在创建或新建方面，商贾也发挥了相同的重要作用，比如明代御史刘良弼家族之"大父"刘鳌在宿迁经商，为新建三元宫捐资并参与始终（第69篇《新建三元宫碑记》）；商贾汇集商业繁华之地，也会催生三官庙的兴建（第106篇《汝州新造三官庙记》）。特别是万历年间的商人谢淳，是这方面的一个非常突出的代表人物（第70篇《东海云台山三元庙碑记》、第71篇《敕赐云台山护国三元宫海宁禅寺碑记》）。谢淳是江淮巨富商贾，也是三官信仰的虔诚信徒，"家居奉祀三元甚虔"，后出家东海云台山，法号"德证"，谢淳凭借其雄厚的财力，"誓倾其赀"、"毁家纾用"倡建三元宫以及海宁禅寺，使得三元宫成为一座主祀三官并配祀佛教诸多神祇的佛道交融的建筑群，当然谢淳的贡献也在当时及后世产生了巨大而深远的影响。另外，商贾信奉和传播三官信仰，与三官信仰文化中所蕴含的义利观是密不可分的，而这一义利观，特别集中体现于明代中期开始广泛流传的《三官经》（即《三元经》）中，比如对"只念己富"、"贪财利己"等恶行会导致恶果的训诫，显然在明代中后期商业发达的社会环境下，对于经常与货财打交道的商贾来说有明显的警示。第74篇《三元庙记》就有结合《三官经》广泛流传发表独特评论，认为关于货财的训诫，莫若《三官经》："然于说诫货财处，无若《三元经》详又浅近易明，真可家户晓然。"

这些碑记也从不同角度探讨了天地水三官的丰富内涵，包括其名称含义、起源以及其祭祀仪式的缘起等。从名称含义来看，对"天地水三官"、"三元三官大帝"等名号都有丰富的解读。第96篇认为："宇宙之大，可一言而尽者，天、地、水而已"，对天地水分别所包含的丰富种类进行了简要概括。关于"元"、"官"和"帝"的内涵，第28篇指出："盖推天地水三者所最初，必有主宰是者，故称'元'；以各有崇司，若分职然，故称'官'；至为生民托命，功德显灿，宜其爵号，等于至尊，故称'帝'"。第137篇也有相近的解释："以其工宰谓之帝，以其管摄谓之官，以其统始谓之元"。三官与三元一般是互称的，但是对于两者的关系，其实也有不同的认识，第15篇认为"三官非三元"，三元指称的神灵范围要比三官大。关于天地水三官的起源和祭祀仪式的缘起都有丰富的总结，比如第16篇、第17篇、第21篇、第32篇、第110篇等。

　　而且天地水三官三位分别具有"（天官）赐福、（地官）赦罪、（水官）解厄"的职能，而这一职能也是三官信仰文化的核心内涵，以此为基础，宣扬和传播三官信仰文化以引导信众和民众"悔过惩尤"并"去恶修善"，最终发挥其福泽教化的综合社会功能。正如第53篇所言："有信若是，是所谓赐福而赦罪、解厄者，无非使其人去其不善以就于善"。与之相似的认识，比如"凡可以道人为善者，虽王者不轻毁也"（第90篇）、"益信下民迁善去恶，不能得之于政刑，而得之于神功之鼓舞"（第107篇）以及第111篇、第118篇等碑文中的丰富论述。当然，信奉三官以修善积善之举，也使得三官宫观庙宇成为展开公益或民间组织活动的重要场所，比如成为救助"卒成徒役"之所（第18篇），设义田置义学义塾（第51、52、76篇），特别是第51篇还有一个特殊背景：西方宗教信仰和西学传入后的巨大冲击和影响，变成戏班和商会盟约活动之地（第9篇）。其实，这些碑文撰者并非三官信徒，有的是为官方身份（比如皇帝、朝臣、地方官员等），有的是持民间立场（比如儒生、学者等），但是他们大多从"神道设教"思想传统角度对这一福泽教化的综合社会功能加以阐发，以扩展和丰富三官信仰文化的内涵，比如"神依于民，事神皆所以为民"（第127篇），又如"从来神以庇人，亦以依人，神庇乎人而依乎人"（第128篇）等。

　　进一步看，以赐福、赦罪、解厄为核心思想的三官信仰文化具有丰富的内涵，发挥福泽教化的综合社会功能，这对于当代的治国理政（包括社会治理）、道德建设等方面仍有非常重要的价值，需要创造性地加以继承和发扬。正如习近平总书记所指出的："中国优秀传统文化的丰富哲学思想、人文精神、教化思想、道德理念等，可以为人们认识和改造世界提供有益启迪，可以为治国理政提供有益启示，也可以为道德建设提供有益启发。对传统文化中适合于调理社会关系和鼓励人们向上向善的内容，我们要结合时代条件加以继承和发扬，赋予其新的涵义。"（《在纪念孔子诞辰两千五百六十五周年国际学术研讨会暨国际儒学联合会第五届会员大会开幕会上的讲话》，《习近平外交演讲集》第一卷，第 189－190 页，中央文献出版社，2022 年）从这些碑记中也可以看出，三官信仰文化所蕴含"断恶向善"、"去恶修善"等的独特教化思想和"扶危济困"、"乐善好施"等道德理念，在对民众的教化实践和道德素养建设中发挥了广泛而深远的影响，促使当时的官方和民众共同努力不断重修、重建或新建三官宫观庙宇，以彰显传扬这些教化思想和道德理念，从而在一定程度上调理了社会各方面的关系，维护了地方社会的稳定。这对于当代社会治理和建设有多方面的借鉴和启发的价值。

总之，这些三官碑刻，是三官文化研究的文献基础，具有丰富的学术价值，除了以上所述的学术价值外，还可以从民俗学、社会学、宗教学、经济学、管理学等多学科展开更深入地研究；同时也具有多方面的应用价值：可以为各地文化创意产业提供新的文化资源，是人们认识三元节习俗的重要文本资料，也是各地展开文化交流可依据的文献资料之一；在社会影响和效益方面，可以成为三官信仰文化传播的基础，是海峡两岸文化交流的基础性资料之一。

图一　山西省太原市晋源区吴家堡三官庙碑记（雷伟平　摄）

图二　上海三元宫坤道院重建记（高信勤道长　摄）

凡 例

一、辑录碑文的选录标准：是以三官宫观庙宇的新建、重建或重修为主要内容的全篇碑文，或节录其他碑记中关于三官宫观庙宇的新建、重建或重修的较为详细记述，若只是简短的相关记载则不收录，而且节录碑文的数量所占比例很小。

二、辑录的碑文，分别录自碑刻实物照片、地方志、金石图籍等历代地方文献，皆一一标明出处（也包括来自编撰者的田野调查）。若原文有多种文献出处，则尽量选取其年代较早、内容详细完整者，并参校其他版本，择善而从。若有碑刻实物或拓本实物，则以之为先。

三、辑录碑文的时限，上起唐代，下至 2014 年；碑文的编次，以省份为序，每个省份又以年代为序。

四、辑录碑文的字体和标点。碑文一律以简体字录入，保留原文中无法转换的繁体字；原文缺漏、模糊无法辨认的字用"□"框表示，缺字较多地方会以（上缺）、（下缺）表示；原文中错别字、异体字、俗字，在不破坏原文意思的前提下，一律径改，不再作校注说明；酌补字用 ［ ］ 表示。碑文断句标点，以文意通顺为基本要求；此次断句标点，部分碑文也参考了已有的标点本，并在此基础上进行了修订完善。

五、每篇碑文的标题，一般沿用原文标题。有的标题仅为一两字者，为了方便理解，对原标题补加相关字句，并用（）以示区别。标题下方，一般都标注撰者和朝代，甚至有撰者的相关身份或职位说明文字，大多皆依原文，以较小字体显示。若碑文原未标明撰者，甚至无法判断朝代者，皆一律不标注。

六、每篇碑文一般都有简要附记，以说明碑文的撰写年代、撰者、文献出处等情况，以资考证。有的碑文中有显示撰写的具体年代，则依原文；有的碑文中无明确交代，只能标注其大致时间范围。关于撰者，结合原文，提供一些生平活动方面简要介绍，以供读者参考。文献出处皆有具体交代；有多种文献出处者，除过前后两篇或多篇碑文为同一来源者则承前省略；若同一篇碑文有多种文献出处，且内容上差异处，亦视情况加以较为细致说明。

七、碑文的辑录旨在搜集和保存三官信仰文化研究资料，以供研究者参考。鉴于全书体例和篇幅限制，有的碑文未能完全按照碑文格式编排，有的碑文有适当的删减，如果确实引起研究上的不便，可以请读者根据附记中提供的出处线索进一步查找未标点的原文对照阅读。

目　录

二、东北

辽宁

三、华东

山东

安徽

一、华北

北京

001 重修三官大帝庙碑记

（明）黄表 撰

作庙以妥神也。三官大帝有庙遍天下，天下之人知有三官大帝，而不知其所自也。道家者流知所自矣，知所奉矣，又不能究其详，谓人曰：天官属上元焉，地官属中元焉，水官属下元焉，神是以显。夫帝，以主宰万物而言，不可系于官也，明甚。窃意天官必天神也，地官必地祇也，水官必山川之神之类也。后世道家尊之而不得其说，既以官加帝上，而又作为谶行于世。余则以为：神，聪明正直而一者也，有益于国，国必祀之；有益于民，民必祀之，水旱疠疫之灾必祷焉。通州新城东隅原有庙，年深颓坏。正德十一年春，父老方成等佥谓：宜庙，以便祷祀于一方。盖以神莫灵于三官大帝也。名是用作，遂鸠工聚师，经纪其费募于众。得木□若干，乃缮治三大门，突然宛判于前门之内，左右为亭，如邮置钟鼓其内。亭之傍为小屋者二，南侧塑九天监生大神、卫房圣母元君，北侧塑天仙玉女碧霞元君等神，盖欲其翼乎大帝也。中则为之殿，规模神丽，榱桷新美，丹漆炳耀，金碧辉煌焉。于是乎塑三官大帝像以事，加弁于首，被以日月、星辰、山龙、华虫、藻火、粉米、黼黻之服，瞻望凛然。呜呼！伟哉！殿之后南北为屋者八，以为奉香火者之所栖。后则为大宇者五，背城而立为灵官之像，以便乡人之禳祷者。工之方兴也，众谓不可□□以主其祀，朝夕香火不可以已也。闻神乐观刘宗爵者，身修□著，抱朴守素，声名流于京师之远近，舍斯人莫之能任者。于是遣币聘焉。宗爵既至，矢必勠力以襄事，朝夕礼神惟谨，一方赖之。庙成当有石以记颠末，父老方成偕宗爵奉币谒余，征言将勒诸石以垂不朽。余曰：父老敬神之心至矣，作庙之功大矣，是诚不可无石也。余故因谶而辩神之所由名于前，历历纪庙之所由成于后。前镌施□之人之名氏于碑阴云。

大明嘉靖二年岁次癸未夏四月吉日立

附记

此碑文撰于明嘉靖二年（1523），收于：孙勐、罗飞编著，《北京道教石刻》，宗教文化出版社，2011年，第三章，第73－74页。碑文题目下原有小字，介绍撰者和书写者的情况："赐进士出身、尚书水部郎湖广咸宁黄表撰，赐进士出身、奉议大夫、工部营缮清吏司郎中太原王宗书，奉训大夫、湖广襄阳府钧州知州无锡茹鸣玉篆。"

002 重修三元正殿碑

（明）高兰 撰

房山县西离城三里许，有山高耸，庙立于上，神安于中。其山之始名曰留台尖，暨而更为三官顶焉。是神也，上元以司天，赐福也；中元以司地，赦罪也；下元以司水，解厄也。备三才之理，总天地之事，殆非荒唐渺茫、淫祠虐厉之可比，是乃神之至正者也。列庙貌于群峰之首，其势巍峨，诸山拱翠，雄镇一方，卑视城宇，是乃山之至显者也。无古今，无远迩，凡有水旱瘟疫之灾，疾病患难之沴，祈祷无不应，致诚无不格，是乃神之至灵者也。以神之至正，居山之至显，而为神之至灵如此，是以吾人虽至愚，而实至神也。神宇之有替而必兴，有坏而必补，因旧而必兴，岂非人所同然？实乃诚之不可掩也。如此夫本县耆老杨鸾等素有此恢拓之举，累因年岁荒歉而弗获所愿。延至今岁，年谷颇登，一举而倡之，乡民任圮、孙凤等从而和之，一县之人，他县之众，有从而协同之。无老无少，负石运灰者踵足不断；或贫或富，施财布米者络绎往来。是于征工傲巧，补旧益新。正殿三楹，高敞宏阔。前后墙宇，竣绝雄威，金碧辉煌，光彩炫耀。经始于二月，落成于五月，是乃神灵之默佑，所以成功得如是之速也。兰也亦素感神之至灵，而朔望行香祈祷必至之处，亦责任之所不能辞者。故敢置石书文立于庙貌之左，使后之有事于兹土，时葺而岁补之，庶斯庙可保于不朽，而神亦得以庇吾民于无穷也。是为记。

附记

此碑文撰于明嘉靖时期，见于：（民国）《房山县志》卷七，中国地方志集成·北京府县志辑，第 7 册，上海书店出版社，2002 年，第 526 页。又收于：孙勐、罗飞编著，《北京道教石刻》，宗教文化出版社，2011 年，第三章，第 115 页。高兰，山西阳曲人，嘉靖七年（1528）戊子科乡试，曾为房山知县。

003 三官庙碑记

（明）苏乾 撰

庙貌尊严，瞻之者肃；焄蒿凄怆，感之者通；有祷而应，人心用钦，无物可遗，神德斯盛。惟神鉴人而锡福，故人作庙以栖神。神获所栖，则奉之者心慰；神谐所仰，则主之者灵。长世虽隔乎幽明，符常应乎影响。吾隆庆城外坎位，有三官庙，义官杨琛所建也。琛为无子，舍地作庙，材木丹垩之类皆其所出。为正殿三间，中塑三官圣像，傍列侍从之神，冠服严饬，俨然如生。殿之西侧舍二间，殿之东北舍三间，居道士王高月，以焚修香火；南为门一间，门之内东为钟楼，周围有垣，杂植以树，巍然一胜境也。工始于正德丁丑三月之朔，讫于戊寅九月二十日，厥庙甫成，而琛之子愈生矣。琛自以为奉神之有验也，乃益坚厥心，又多与人方便，将依神以为命焉。越嘉靖丙申岁中秋日，徐珩辈谓斯庙之作，不可无文，以纪其事，乃以记属乾，乾以不文，辞弗获。考之道经有天官赐福、地官赦罪、水官解厄之语，其《宝诰》中又各以大帝称之，而并载其所掌，又皆与人造福之事。《礼》曰："能御大灾、捍大患则祀之。"若三官之圣迹，实其类也，庙而祀之，讵无谓欤？乾则以为：视不见，听不闻，所难必者神也；操则存，舍则亡，所当诚者心也。诚者理也，心所以具；夫理者也，理即天也，天极尊而无对，合乎理则得乎天矣。既得乎天，则吾心之神自合乎幽明之神，将无所为而不达。孔子曰："获罪于天，无所祷也。"可以见天不可以私，格神不可以妄求，惟存乎理则是已。《大雅》云："神之格思，不可度思，矧可射思！"神固不可不敬也。琛之斯举，虽有所祈，而然要亦敬神之至意也。后之建钟楼者，高月也；相其成者，州民孟淮也。余助役者皆列于碑阴。

附记

此篇撰于正德戊寅年（1513）。此篇和下一篇，为此碑记的两个版本，皆收录。一为明代《隆庆志》所录，简称"隆庆版"，具体见：（嘉靖）《隆庆志》卷十，天一阁藏明代方志选刊，第8册，上海书店出版社，2014年。一为清代《延庆州志》所收录，简称"延庆版"，具体见：（康熙）《延庆州志》卷八，中国地方志集成·北京府县志辑，第 5 册，上海书店出版社，2002 年，第 291－292 页。这两个版本，从碑记框架来看，是一致的，而且少量部分文字相同，其余叙述文字则全不相同；另外，后者有少量文字因版本漶漫而无法识别之处。从叙事手法来看，前者一些内容多概叙，后者则有较多生动的详叙，孰真孰伪，有待进一步研究。

004 三官庙碑记

（明）苏乾 撰

庙貌尊严，瞻之者肃；焄蒿凄怆，感之者通；有祷而应，人心用钦，无物可遗。神德盛盛，惟神鉴人而锡福，故人处祀以输诚。乾尝取《道藏》阅之，有经曰《三官》，有赐福、赦罪、解厄之辞。因语友人杨君琛，曰："有神若是，曷崇祀以福一方哉？"琛笃信人也，尚义喜施，为乡人推重，乃慨然曰："神能庇我乡邦，吾何爱一区附廓地而不为栖神之所乎？"遂建正殿三间，中塑三官圣像，傍列侍从之神，冠服严饬，俨然在上。殿之西侧舍二间，殿之东北舍三间，居道士王高月，以焚修香火；南为门一间，门之内东为钟楼，周围有垣，杂植以树，巍然坎地，一名刹也。材木丹垩之费，皆琛乐办，不强募人。工始于正德丁丑三月之朔，告成于戊寅九月念辰，琛之子愈生焉，啼声贯耳，气□食牛。余谓他日必亢宗大族，神之□□昭昭矣！琛退然曰："天道□亲，惟亲善人，琛心□□而未能于善，何有乃神之降祥自琛家始，敢□□以教琛善承神休哉？"自是周人之急、拔人之□，平昔益殷。州民徐行辈属乾文以纪其事，乾不□以弗文辞。复考之《经》言："善信男女，有能斋心洁行，晨夕燃修，便生端正有相之男，聪明富贵之子"。琛乃有子，若斯《经》言，不欺我已。於戏！视不见，听不闻，所难必者神也；操则存，舍则亡，所当诚者心也。诚者理也，心所以具；夫理者也，理即天也；天极尊而无对，合乎理则得乎天矣。琛之素行诚信，盖有合德神明，神佑之、天申之者。或直以建祠，处奉而得祥，则亦浅浅乎知琛矣。余以为然，是为记。

005 大慈延福宫重修纪成之碑

（明）徐阶　撰

大慈延福宫者，宪祖纯皇帝之所建，而国家岁时祈禳报谢之所。其所祀曰三元三大帝，盖天地水□□赐福、赦罪、解厄之神也。嘉靖己酉，宫之建至是六十七甲子矣。丹青金□之□剥落暗昧□□□□□□□一真人陶仲文以上赐金与所度道士楮价，茸而新之。始于三月十日，至七月讫工。请阶纪成事。阶备□□□尝以春祈奉命祷祀于宫，窃仰叹宪祖虑民之深，我皇上为民之恳，而国□之于万万年无疆也。盖古昔帝王，将纳民于善，既委屈以教之矣；又从而赏罚□□之，而又征诸鬼神以警□之。故其言曰："天道福善祸淫。"曰："积善之家，必有余庆；积不善之家，必有余殃。"使民之心，凛然常若鬼神临乎其上，不独不敢为恶，而亦不敢□好余□以为苟免刑罚之图，夫然后三教成于天下。今夫人之生，莫不戴天履地，而其日用饮食，莫不资于水。苟知天地水皆有神存焉，而且有赐福、赦罪、解厄之途，则其迁善去恶以从上之教，将有个容自己者。是故宪祖之虑民至深矣。我皇上自御极以来，留□民□，每春则必祈，祈则宫有祀；秋则必报，报则宫又有祀。精诚感格，明神顾绥，以观乎天，雨旸调，寒暑时；以观乎地，土膏洽，□维奠；以观乎水，川不腾，泽不涸。年谷用登，万物率育，薄海内外，含哺嬉游，而皇上深轸民艰，犹惕然有□伤之视。今年春，宣谕礼臣恪举祈典，既又以不雨豫忧夏旱，申谕致祷。纶音数布，咸出御墨，而阶因得奉□□于此。是故皇上之为民至恳矣。明兴至于今，百八十余年，凡教民之具，自太祖、成祖□则既□□大备，然其化理至宪祖而□□，至我皇上而始渐□□□穷极幽□与其□□哉！宪祖虑民之□有□□□其怠肆之命，而我皇上为民之恳，有以植其□而□其从善之心，是故□□□米（下缺）有廉让之□家有慈孝之□，歌颂之声，洋溢里巷，万方晏然，四夷景附，而国家无（下缺）时睹盛治为幸。又自以前史官也，谨因纪重修之成备著之于石而系以诗。若夫宫之规制，则宪祖御制碑已具，不复赘。诗曰：

大慈延福城之东，天地□府神所宫。

宪皇始作规制雄，涂金琢玉辉霓虹。

祈祷报谢国典崇，万方兆姓祇事同。

禀辰朝夕瞻神通，为子必孝臣必忠。

于皇我皇德至隆，□尧钦明舜温恭。

春秋修祀宫之中，祝帛俎豆洁且丰。

亲御翰墨诏秩宗，光腾奎壁驰蛟龙，明神鉴享来虚空。

□黍岁熟绥三晨，民生既富教易从。

遐迩穆穆跻时雍，乃知二圣同渊衷。

潜敷默运如化工，事神岂独蒙神功。

阴翊圣治嘘皇风，皇风圣治炳昭融。

璇图宝历垂无穷，兹宫再新灵觋钟。

臣民快睹呼苍穹，愿皇万寿居九重。

辑宁方夏怀夷戎，礼臣作诗情莫终。

载歌天保祝华封，□□□元佑帝□。

附记

此碑文撰于明嘉靖二十八年（1549），收于：孙勍、罗飞编著，《北京道教石刻》，宗教文化出版社，2011 年，第 75 - 77 页。大慈延福宫，俗称"三官庙"，为明清两代王朝所兴建和修缮，此文和下一篇碑文，都是关于大慈延福宫的碑文。此碑文未见于现存的徐阶文集中，待考。碑文标题下原有关于撰者官职情况："赐进士及第、资善大夫、礼部尚书兼翰林院学士、经筵讲官、会典副总裁华亭徐阶撰。"

006 御制重修三官神庙碑记

（清）爱新觉罗·弘历 撰

京城迤东朝阳门内之思城坊，有旧庙直跸途者，视所颜榜，曰：大慈延福宫。所奉神曰三官之神，是明成化十八年建也。乃诏将作，比岁国庆臻洽，百度具厘，顾兹礮欹弗完，黮昧弗塗，都人擎芟爆牲，谓典其阙。遂以乾隆庚寅嘉平即工，阅辛卯月辰载浃用底厥成。若值若佣，并支内帑之羡，所司请为记。朕惟《道藏》说《三官经》，大指言赐福、赦罪、解厄，掌众生禄籍；而地分三界，时分三元，位分三品，迄莫详其所自始。按《三国志·张鲁传》及注引《典略》语称，鲁于汉之熹平间为益州牧刘焉督义司马，据汉中，以祭酒领部众，增设张角、张修之法，教民学道，始请祷者书姓名并思过之意，作三通，以告之天，著山上；一埋之地，一沉之水，谓之天地水三官，盖缘起如是。嗣是撰述家其文不少概见。洎元揭傒斯为《曲阿三官祠记》，明宋濂跋之，谓："水纵大，亦两间一物，何得与天地抗在哉？"经生刉闻之论固然，殊不知三品三元诸目其言，泂出无稽，要其举三界以赅人境，有未可以人废言者。伊古神圣，非常之原，孰如地平天成；然怀襄不除，则平成不奏，水与天地何如者？夫天体回游，包地与水，是地已不得与天抗。第一炁苍浑，人皆

11

知囿于其境，而不见实践其境，其日所附丽者地也。若水行乎地之中，周乎地之际，脱有物焉；一旦出乎地之界，当及入乎水之界耳，外此宁别有遁境哉？由此推之，以叙五行，土特地之所指名，而金而木而火其得与水争界哉？由此推之，以修六府，土不待言，谷特土之所封殖，而金而木而火其不得与水争界，犹竢更仆哉？且祀法有类有望，有遍有索飨，悉就凡人精神所到之境缘而格之，而神之凭依，固即在是。今三界所管，既已粲乎隐隐，可絜而度，则虽从而为之，各晋以位之品，各宗以时之元，宜亦秉礼守道者之所不欲拒。而斯庙之增缮，上以为国祝禧，下以为民祈佑，于焉考新宫而绎祭义，又谁曰不然？《传》曰："咸秩无文。"无文之文，可以文其碑矣。

附记

此碑文撰于清乾隆三十六年（1771），收于：（清）于敏中《日下旧闻考》卷四十八，四库全书本，史部，第11册；又见于：瞿宣颖标点，《钦定日下旧闻考》第二册，北京古籍出版社，2000年，第768－769页。此文前有一段按语，简介大慈延福宫历史和碑文沿革："原大慈延福宫延寿观，俱在思城坊，有敕建碑（明《顺天府志》）。补：大慈延福宫在思城坊，成化十七年建，以奉天地水府三元之神，有弘治十七年敕，勒于石（《寄园寄所寄》）。臣等谨按：延福宫在齐化门大街北。经始明成化辛丑，越明年而落成。有明成化御制碑文可考，又有正德十一年封延福宫住持严大容真人制碑；及嘉靖乙酉，徐阶撰重修碑文，而无弘治十七年石刻。本朝顺治十年，国子监祭酒单若鲁碑载顺治初年聚满汉子弟群教学于斯；乾隆三十六年奉敕重修，有御制碑文。"

007　三官阁记略

（清）黄甲　撰

三官阁，在通流闸。举人任希尹两次修建，同学黄甲为之记，其略曰：

斯阁架闸上，为奔流锁钥。然载旧志，庙也，非阁也。甲申流氛焚劫，民舍俱烬，此庙独存；闸木被烧，桥半折，往来者甚恐。蔡君凤仪为营构如旧。国朝顺治乙酉，任君希尹复建阁，奉神，额曰"灵显"，志异也。康熙癸丑，阁忽自毁，不延民居，任君益异之，募众再建如故。

附记

此碑记撰于清康熙癸丑（1673）或稍晚，见于：（康熙）《通州志》卷二，中国地方志集成·北京府县志辑，第6册，上海书店出版社，2002年，第462页。

008　重修留台尖三官庙碑记

（清）邱秉哲　撰

昔人择名胜之区，建楼阁亭台，以为游观之所，固其力之有余也。后之人援为善获报之说，以取资于众力，则不得不谓之庙，则不得不奉以神。有庙有神，则有僧有道士，而僧与道士者，又托为诡异之言，以为信吾道者可以驻颜，否则将为神，于死后可以邀福；否则亦食报于来生。匪特愚人信之，即当世文人学士往往不能无惑者。盖阴阳消长之理，天人感应之机，未能了然于心也。余仍作游观之所而已，神者姑以为地主，僧与道其仆役，岁时借以修补往来，资其应接，固亦不能无者也。留台尖者，其命名已久，突起于群山之外，逼近于县治之西。登而望焉，城郭村坊，星罗棋布，历历可数，非所谓名胜之区耶！自元、明之世，建三官庙于其上，其间为僧为道士，迭为庙主者屡矣。有川僧者因其倾圮，欲易三官为佛，又欲易留台之旧号，而加以招提、兰若，一切虚诞之名。夫三官与佛无择也，而留台之所自始，不啻天造地设，于众山落脉，将就平衍之余；一峰陡峭，百仞嵯峨，殆留以为游观之所，而自然之台也，岂人所得而易者哉！幸里中首事力相排阻，神复其旧，山复其名，而殿宇垣墉，亦悉改观矣。夫深山绝壑，境则幽矣，而独嫌其僻；齐云落星，费亦广矣，而尚觉其卑。惟我留台尖，境亦岩阿，较岩阿有开明豁大之观；地临城市，视城市有天上人间之别。有志于学者，挈笈其上，诚足以壮其观瞻，豁其心目，拓其胸襟而消其鄙吝也。即二三友人，花晨月夕，吟哦于此，亦大佳事。适庙将落成，余游其上焉，首事者求记于余，余喜其屋宇修整，游观者益无忧也。是为记。

附记

此碑记撰于道光、咸丰时期，见于：（光绪）《顺天府志》卷二十四；又收于：（清）周家楣、缪荃孙等纂，左笑鸿标点，《光绪顺天府志》，北京古籍出版社，1987年，第773页。邱秉哲，字月亭，道光咸丰时期人，其小传见：（民国）《房山县志》卷六，中国地方志集成·北京府县志辑，第7册，上海书店出版社，2002年，第508页。

009　三官庙重修碑记

（清）佚名　撰

至此工期告竣，众善议定献戏三期；王府大顺立班□□□□□□□□□善芳名布施经理人等并镌请石，为后人之鉴示。……监工唱戏一应事务：殷天铎、曹文杰；唱戏经理人：礼亿厂、地利号、九亿厂、义想店、新盛号、中兴号、永泰当、益盛店、西河号、义成局、天德当、礼亿店、恒丰号高尚贵、隆盛厂邓云龙、兴盛厂李天德。大清道光八年……

附记

此碑文刊于道光八年（1828），已残缺，标题下有"门头沟三家店村"小字。主要叙述了道光年间王府戏班与民间戏班交流的情况。见于：周华斌著，《京都古戏楼》，海洋出版社，1993年，第238页。

010 敬塑救苦、三官、财神、药王四殿圣像记

夫神理微密不可测，祷请感格系诸像。北京白云观旧有诸神殿，瑞相严凝，光仪殊绝。自遭劫毁，尚存四殿，神像未复。圆玄学院慨其神容不作，人曷皈依，爰秉仁不独善，上德不德之心，赞辅襄助三万港元，遂使灵姿焕然，瑞相赫奕。当兹功德圆满，勒石勒记，用垂不朽。

公元 1990 年 12 月 22 日
农历岁次庚午十一月初六日
白云观立

附记

此碑文撰于 1990 年，收于：孙勍、罗飞编著，《北京道教石刻》，宗教文化出版社，2011 年，第 117－118 页。

天津

011　重修三官庙碑

（明）王舜章　撰

夫天津，小直沽之地，占斥卤之区也。我朝成祖文皇帝，入靖内难，圣驾尝由此济渡沧州，因赐名曰"天津"，筑城凿池而三卫所立焉。

附记

此碑文撰于嘉靖二十九年（1550），王舜章撰，倪云鹏书。不过，此碑文仅是原碑文的一小部分。此碑风化严重，现藏于天津历史博物馆，需进一步考察研究。又收于：王树凯主编，天津市南开区地方志编修委员会编著，《南开区志》，天津社会科学院出版社，1998年，第121页。

012　重修塞上盐母三官庙碑记

（清）金承诏　撰

芦台地滨海，厥产惟盐，粤稽五代时盐绝，岁余忽有老姥教人为盐之法，随即化去，人皆神之，因建祠曰"盐母庙"，盖报本反始也。其在镇之西者，载于志乘，当事者岁时享祀，叠加修理，迄今完固。若夫在塞上者，缘嘉庆戊辰年村人李斗宾等举义捐资，创建于三官庙之左，为时既久，倾圮频仍。适余承乏斯土，每因公务往来，憩息于兹，瞻仰徬徨，则见栋折榱崩，风雨侵蚀；断垣破牖，触目惊心；随复周视于外，实以地居洼下，潮湿浸渍，致柱木易就腐烂，亟思所以新之。计功程需费甚巨，余试捐廉首倡，幸庄中绅民翕然慷慨助捐，又兼四方乐善君子，亦争先施舍，所以乐翰姓名，俱于事成刻石。其经之营之也，先引土增高基址，乃规仿旧制，次第兴筑。左则盐母庙也，右则三官庙也，后则观音殿也。而前之抱厦，后之配房，以及后殿之右有斋房、左有禅室，皆昔所本无。庙之南旧有一小蹊，直递南村，其中间有埠，所以济津河也；今已废，无遗迹，亦并修起，以便往来，因命曰"太平桥"。噫！是役也，虽曰重修，实不啻创始矣；又赖老成持重者数人，不惮勤劳，为之鸠工庀材，人力均齐用能，不数月而工竣。琳宫整洁，法象庄严，自兹以往，神之嘉惠斯民者，讵有艾欤？至随时修葺，俾永臻于勿坏，则有厚望于后之同心好善者。是为记。道光十年岁次庚寅桂月上浣。

附记

此碑文撰于道光十年（1830 年），见于：（光绪）《宁河县志》卷十三，中国地方志集成·天津府县志辑，第 6 册，上海书店出版社，2002 年，第 494－495 页。又收于：天津市汉沽区地方志编修委员会著，《汉沽区志·文化志》，天津社会科学院出版社，1995年，第 821－822 页。金承诏，盐场大使，桐城人。

河北

013　重修三元大帝碑记

（明）韩应庚　撰

天地之间，神德为盛，三官之神尊且最灵，天下都邑无不祀。三官者，由其赐福、解厄、消灾、延寿，大有功于人世也。直隶卫前所千户刘师词、百户田铭，其屯三百户。我太祖年间旧有三官祠，以妥神明，历岁滋久，而堂宇隘陋。乡耆段增重修，已毁。乡人石乌珍谓诸友曰："三官之神，功利天下，而庙貌若兹，非所以崇神明也，曷撤其旧而新是图？"遂将会中所积财物重建。而凡好义者，亦皆致财资助，择时兴役，崇旧基而加广焉。祠正殿三间，大门一间。其像惟三官神也，因旧以整饬，复绘像于壁间，威仪跄跄，远近来观者，莫不肃然起敬。但石未有刻，使予记共始末，用传诸后。夫能御大灾、捍大患，以安生民，此征诸祭法于祠为称。我国家明制度、尊祠祀，岂无意哉？所为生民计耳！凡兹乡之人，获福之多，皆神之默佑也，乃知其神之不可掩如此。遂刻诸石，庶来者有可考焉。

附记

此碑文撰于明万历年间，见于：（民国）《卢龙县志》卷六，中国地方志丛书，华北地方，第 145 号，（台北）成文出版社，1968 年，第 146 页；亦见于该志之校注本：周艳清主编，《民国卢龙县志校注》，光明日报出版社，2019 年，第 151 页。又见于：（光绪）《永平府志》卷三十九；亦见其校注本：董耀会主编，《秦皇岛历代校注·永平府志》（清光绪五年），中国审计出版社，2001 年，第 1474 页。（康熙）《卢龙县志》有韩应庚传，其曾为御史，026 篇《延庆祠记》有"万历间重葺之，乡先达御史韩先生记其事"的记述可为证。此篇和《延庆祠记》关系密切，《延庆祠记》所记内容，乃是此篇所述对象的延续。另外，文中"直隶卫前所千户刘师词、百户田铭，其屯三百户"一句，此句突兀，句意与前后文皆不相关，似有缺文，有待进一步研究。

014　三官庙重修碑记

（明）及朴　撰

邑城西旧有三官庙，创建于明嘉靖中，至万历初年，孝子赵守先一更新之，而邑人时一变捐金佐其事。岁癸丑，邑侯党中畴以公事至庙中，见栋宇倾坏，命募缘修葺，首捐俸为之倡。于是守先以闭关不出，而时一变复董其事。既告竣，将勒诸石垂不朽，而以文属予。予闻三官，水神也，邑人崇奉之，罔敢不肃不恭，意者其以水患与？盖敝邑近年以来，被水患数数矣。壬辰之水，以秋夏之交，灵雨霏霏不绝，陆地尽成波涛，老幼徒手取鱼。邑侯刘公冠南决计疏瀹，以东北为尾闾，而水不为害。丁未之水，滹沱决于西，卫河决于东，邑四面受浸，城以外方舟往来，邑侯台阶郭公殚力防护，舍于郊不解带者，累昼夜，而水不为患。若岁癸丑之水，则又甚矣。自五月至七月，云若屯，而雨翻盆者不减壬辰也。滹沱之岸数处溃决，没嘉禾而漂庐舍，更不减于丁未也。幸今邑侯党公中畴先期百计抚字，比屋有余蓄，不甚饥；至一切疏瀹防护之计，又无不周咨而力行之；又亲履穷檐，察民之菜色者，遍赈之，老幼赖以全活，而水不为害。语曰："神，聪明正直而依人者也。"敝邑水患较他邑为甚，乃他邑之民或不免被其害，而吾民赖贤侯之力，竟以无虞，谓非神之默佑其间与？然正惟神之福吾民也，必借司牧之善政；则吾民之事神也，亦求为司牧之良民耳。诚能以修祠宇者，修行以奉香火者，奉法则刑罚之所不知，即殃咎之所不及，而贤侯之轸恤，即神明之所荫禄者也。而予不文，敬因记事而述此以告里人，使知事神自有至理，若夫世俗祈报之说，非所敢知也。

附记

此碑记撰于万历癸丑（1613），见于：（民国）《交河县志》卷十，中国地方志丛书，华北地方，第 148 号，（台北）成文出版社，1968 年，第 1256－1257 页。此记前有引文"三官庙在县西关外，乡进士及朴撰重修碑记"。又收于：泊头市水利志编纂委员会编，《泊头市水利志》第十三章，河北科学技术出版社，1993 年，第 226－227 页。

015 三官庙碑

（明）李懿 撰

镇在县治南三十里许，有著姓刘善翁，乡闾称长厚，人雅素好敬礼士大夫，而事神尤谨，先曾建北极元帝庙及泰山行宫，所费俱不赀。尝梦三官神降其宅居之左，乃即梦所相地构庙，欲以祀神，功未就而逝。厥子鸿胪君，鸠工卒成之，承先志也。庙凡三楹，中塑像三尊，黝垩丹碧，一时焕然，称伟观焉；周以缭垣，后为茶舍。择黄冠有道行者一人住持，给田若干亩，便祀鳌岁供，祀事至是告成。介贡士王子汝镇征余文，以识岁月，将勒贞珉。余问三官之义何居？王子曰：天地水府三官赐福、赦罪、解厄，各司厥事以阴骘下民，威灵在人间久矣。予惟天子祭天地山川，故《书》有"类上帝、禋六宗、望山川、遍群神"之文，冬至有事于泰坛圜丘是也，夏至有事于泰圻方泽是也；而苍璧、黄琮、茧栗、陶匏、柴望、祭告，惟天子得行之，无乃以士庶不得僭逾，故别名以远嫌，而曰"三官"云云乎？古之天子亦称官家，其诸此意乎？不然，则上天至尊无对，地乃后土皇祇，水生于天一，由地中行，不应俱以官称也。或曰：以其形体谓之天，以其主宰谓之帝，官亦主宰而言耳，犹今之六部所属，有各司而总谓之部。天之官，无乃日君、月臣、风伯、雨师、雷公之类；地之官，或不过华、岳、霍、岱、恒、木公、金母；水之官，或亦江、河、淮、济、冯夷、河伯之类与。曰若是，则昊天照临，罔不覆帱信矣；而山川流峙一方，不宜遍祀寰宇。余曰：唯唯否否，天之所助者，顺也；人之所履者，信也。刘君积德深厚，事天明，事地察，心如止水，则各以类应。天神格而雨旸时若，地效灵而效原膴膴，河伯、冯夷降祥流湿润，下泽不涸，厥利溥哉！此庙之所宜建也与。或曰：刘翁三世厚积，则迪吉衍庆、介景福，理势自攸宜者，无罪可赦，何厄可解？余曰：然然若是，则刘翁与鸿胪天君中自有天官福不赐而自获，而赦罪解厄，其亦以嘉惠于镇之人人欤。噫嘻！刘翁之所植福田应地无疆，普渡慈航，期登般若如是哉！或曰：三官者，即三元也，其然，岂其然？按《方舆胜览》以正、七、十月三望日谓之上、中、下元，诸神以是日会集，校籍人间善恶。而祸福之是，虽不可尽信，然则三元者，岁之日月诸神会期耳。会者不止三神，三元非三官明矣。且赐福、赦罪、解厄亦互文见意，岂赐福者不能赦罪，解厄者不能赐福，各执一偏云乎哉。然亦分别善恶而后为之赐赦与解，岂漫无可否，不辨泾渭？但能归依诵说，而即与之福；无籍小人亦将并其罪厄而解，必不然。王子曰：审若兹，则镇之为善者劝，为恶者惧矣，立庙之意顾不当如是也耶？鸿胪君唯唯，持而往。刘善翁名林跻，上寿享遐福，遇蒙恩例冠带，卒年八十八岁。鸿胪君名掇科，字汝巍，开敏博达，丕振家声，乡人咸称其德；长子继德太学生，次子继业，俱克肖伟器。此刘善翁事神之报，而所遗于后者云。

附记

此碑文撰于明嘉靖时期，见于：（光绪）《吴桥县志》卷十一，中国地方志丛书，华北地方，第 224 号，（台北）成文出版社，1968 年，第 1087 – 1088 页。李懿，明代直隶吴桥人，字美卿，号省斋，嘉靖二十三年（1544）进士。另外，文中"迪吉衍庆、介景福，理势自攸宜者"中"介景福"似缺一字，待考。

016　重修三官庙记

（明）段一元　撰

县治东南隅，旧有三官神庙三楹，门楼一座。万历之十祀，庙貌神像渐将颓废，居民解秉彝等慨然以重修发愿，道人刘静和募化，乡大夫善士广捐赀财，命工修葺。庙三楹，益以大厦门一阖扩为三间，茶房二间。圣像章服，侍卫森列，宫殿改观。上可以表神灵，下可以表虔诚，众恳为记。余窃忆群书载三官事，矛盾不同。一云：汉末有张陵者造符书于蜀之鸣鹤山，诱民有疾者，书其姓氏于符，一上之天，一埋之地，一沉之水，谓天地水三官大帝，以赐福、赦过、宥罪也。一云：三官者，陈子椿之子，与龙王三女结为室，女各生一子，上元、中元、下元，天尊封三官大帝，以考校天下善恶。今据二说。张陵虽智安能笼斯民于符数中，陈子椿虽贤安能媾龙女而生神圣之子，此二说非也。又一云：三官者，皆周之名臣也，居中者唐姓讳宏，字文明；居左者葛姓名雍，字文广；居右者周姓名武，字文刚；三人同仕于厉王之朝，累谏不从，退隐吴地，宣王立求得之辅，中兴之功居多；幽王立，又谏不从，复隐去，终于吴地。民仰德化最沃，乃建祠奉祀。宋真宗封泰山几跻巅，三神显形于上，各述姓名，言奉上帝敕，阴翊陛下。及真宗封禅回，封三神：一上元道化真君、一中元护正真君、一下元定志真君，号天地水三官大帝，命天下皆立庙以祀之。此说得之矣。盖生为直臣，周廷名震；没为正神，宋世德彰；称帝立庙，万代奉祀，顾不显哉！若夫赐福、赦罪、解厄及考校善恶之说，余不敢必其为妄，或者禀受天符，特司其事尔，但非张陵所假，亦非陈子所能生也。余订正其事，刻之石，垂之久。新乐众善此举，其即周宋遗民之慕德也。工起于十年春，落成于十一年冬，故备书之趋事者俱列于左。是为记。

附记

此碑记撰于重修落成之后，即万历十一年（1583）冬。见于：（光绪）《新乐县志》卷五，中国地方志丛书，华北地方，第210号，（台北）成文出版社，1968年，第441—443页。

017　马头镇三官庙碑记

（明）王嘉言　撰

东光城西三里为大河，河西南巷之尾有三官庙一区，正德间廖镕创也。以后随敝随葺，至万历丁酉，敝又甚焉，屋宇倾颓，神像湮昧，盖瓦级砖，秃缺剥落。寿官李氏荣、儒士高氏守正忧之，会善信诸家捐赀庀材，久而渐饶，所得钱若而缗、粟米若而斛。群材毕具，乃于是年三月选日傉役，和会兴工。倾颓者、易湮昧者饰，秃缺剥落者补。由是屋宇完好，神像威严，焕然非旧观矣。冬十月讫功，明年秋坚石既砻，乃属记于余。余谓二子曰："夫三官者，何居乎？"高子曰："三龙女所生三元子，上元天官，中元地官，下元水官，维此三元大帝，察人间善恶，以司其籍；掌天上灾祥，以握其枢，盖至尊灵异之神哉！"李子曰："世之人得毋有贫窭而乏衣禄者乎？□□而□□□者乎？疾病呻吟而愁苦无聊者乎？若归皈三元，诵其经千卷，则神锡之福，而罪厄可赦而解也。"余曰："嘻！有是哉？"盖闻近时吴国□□□□三官之说，为学道者设，非以幸福也。夫羽人三官，犹之沙门三宝，皆取诸身而寓言之。天太阳也，地太阴也，水则阴之气、阳之精，而又大生广生而生万物者也。故人身一天地而水流行营卫其间，不盈不息。而官之者心也，心得其官，则天地交，水火济，万物生，故能长生久视而无痿疠、夭札。人也而神矣，称龙子焉，神之也，示不可测也；称大帝焉，尊之也，示不可亵也，此三官之所由来也。乃黄冠者谓能诵其经，当有天官赐福、地官赦罪、水官解厄，得无涂人耳目而使之刍狗其身已乎？于乎卓哉！斯言可以破千古之惑矣。夫心者，万化源本□，仁心为质，□□不□，则心得其官而达之；万化皆仁也，将自求多福而罪厄可无堕矣。故愿我乡之人，瞻三官之像，以省吾心之官，使此心不愧于神明，则是□也；亦可以为神福之助云尔。是为记。万历二十六年。

附记

此碑文撰于明万历二十六年（1598），见于：（光绪）《东光县志》卷十二，中国地方志集成·河北府县志辑，第 45 册，上海书店出版社，2002 年，第 297 页。此文前有引文，对于东光县三官庙分布遗存进行总结："三官庙：一在东门外，久圮；一在马头镇河西，明正德间廖镕建，万历二十六年，重修有记附；一在泰村镇，明嘉靖三十二年都东周建，万历初增修，任邱邝津撰碑记；一在管家庄，明万历二十一年张一鹗建，邑人庄莅民撰碑记；一在卢秉黄庄，明万历四十三年建，余不备载。"

018 枣强县刘村新建三官庙记

（明）李攀龙 撰

刘君雅，枣强刘村人。村东南去邑三十五里，称刘村，以族姓焉。村东南五里龙泉寺，刘君父某所建也。刘君所建其北则某祠，又北则某祠，又西北则某祠。刘君尝游于田矣，即民间疾苦察眉而药饵起之，葬者匍匐衾绋，婚者拮据羔雁也。夏月孔旸，行者道喝，河朔诸郡卒戍徒役，瓜期往代，得及其场圃，以荫息其木下，壶浆饿莩，厨传过使，转相诵慕，视庐舍如归矣。以社以方，谷臧农庆，告成地利，介言景福，捍御灾患，载在秩典。岁时伏腊，我乃于三数祠集绘髦艾，作敏主伯，以辑乡井，以联宗党，以固守望之好，杜侮予之祸，岂为淫祀哉？枣强当燕赵之郊，诸郡之卒戍徒役，交杂于路；悲歌少年，慷慨相向，即加饥馑，必多暴子弟，何可无寔烈之风也？同舟而济江海者，覆于其各有一壶之心，何者？失众之形也。刘君为一间右家，令诸郡卒徒视庐舍如归矣，即流移逋逃，操戈不逞，又何可后事而备乎？是庙也，刘君有以处其中也。有处其中，则栖托之迹重，而流移逋逃、欲为不逞者，沮于嫌忌之势矣。

附记

此碑记撰于作者任顺德知府期间（1553—1556），见于：《沧溟集》卷十九，影印文渊阁四库全书，第 1278 册，（台湾）商务印书馆，1983 年，第 420 页。又见于：包敬第点校，《沧溟先生集》卷十九，上海古籍出版社，1992 年，第 467－468 页。

019　文昌祠记

（明）方廉　撰

尝谓事之兴革，当观俗之利病。事苟利民，虽兴创而不为嫌；苟病于俗，即仍旧而亦废。圣人所谓百世可知者，此也。吾县城南北相距仅数百步，门道直冲，堪舆家病之久矣。嘉靖丙辰岁，邑令靖江范君永龄修筑城垣，众请移北门就东丈余门之左，建三官神宇以镇之。时学宫在门之右，余仲弟炬叨与作养，增饰文昌像于祠，俾诸士子仰瞻起敬而翊助文运焉。遂以文昌得名，而实即三官殿也。岁乙丑，议迁学宫于城南，遗浮屠氏铜钟于黄山颠。余从兄炼暨诸同志者，令庙祝花碧募缘，复捐筑楼于门内，高敞与祠并。由是县治形胜联络起伏，而风气藏聚，民物阜康，比常增倍；且神居胜地，有所祈祷，应之如响。众惧创建难久，走书淮阴，乞余言以信将来。余谓筑城建学，凡以卫民生、兴礼教也。今置楼宇以塞其冲，而俾士民安堵乐业，则风气文运咸有裨益。矧门禁神宇，在在有之，而钟鼓启闭、出作入息，各以其时，尤民用所急焉。后之观风者，谅卜诸人情以为废兴，何私建之虑耶？遂命工勒石以诏来世云。

附记

该碑记撰于嘉靖乙丑（1565 年），见于：（万历）《新城县志》卷四，中国地方志集成：善本方志，第 63 册，凤凰出版社，2014年。该记前有引文："城北门庙，一曰三官阁，亦名文昌祠。方廉撰，《文昌祠记》。"

020　重修三官庙记

（明）俎琚　撰

磁旧有三官庙，坐落城内西北乾地，成化廿三载，百户罗经所建也。厥制惟陋，厥基孔褊，不足以妥神明而示尊崇也。州人咸欲恢拓之，但时月未利。乃嘉靖十有二稔，乡耆王盛辈感神功德，荷福无涯，睹庙貌之弗称，誓鼎新之当兴。遂结社积金，鸠工饬材，告诸神明，择日举事以新殿宇。谋诸庙邻，恳求市地以广基趾；弘其规制，正其方面南北以地计者百五十尺，而东西如之。正殿以间计者三楹而抱厦如之。前有门，便往来也；左有隙地，莳花木也；右有方丈，便道者之修真也。而其屋宇函深，庭阶爽垲，风生白昼而信香缥缈，月满三更而银烛光华，虽不离尘嚣，萧然蓬也之真界，宁不足以耸万姓之观，而起百代之敬哉？是工也，施财者王盛、任泽诸人也；捐地者，宋伦、宋仁兄弟也；焚修者，住持道士张通正及玄清师徒也；始终成就，效力效谋，百户罗经也；而其振作兴工，乐观厥成者，则州太守洪洞卢公大经、指挥黄陂张炳之盛举也。兹庙之所由以新也，兹神之所由以安也。一邦之人，仰圣德而荷洪庇多福埒，自此无穷矣。余因乡耆之请，详纪于石，以谂观者。

附记

此文撰于嘉靖十二年（1533），见于：（嘉靖）《磁州志》卷三，天一阁藏明代方志选刊续编，第三册，上海书店出版社，1990年。俎琚，字佩韦，磁州人，明代正德间进士，撰此文时，任"郎中"一职。

021　新建三官庙碑

（明）陶圻　撰

大城为古平舒地，隶于霸州。自我国家肇奠丕基，复设县治，创为城池。县之东隅，去城二百武，区址高亢，风气开爽。居民稠聚于斯者，议作庙为一方之镇，盖因天之时，顺地之利，协人之情，而无戾于俗也。黄冠李质劝缘而众乐助之，于是肇建三官庙焉。起于正德庚辰夏，不盈岁，庙宇、门垣、钟鼓楼、神像、龛座、供案次第告完；金碧相辉，规模整肃，庶增一邑观瞻也。省祭苑杰、叶铉请余记诸石，再辞弗克获，乃曰："天，吾知其覆也；地，吾知其载也；水，吾知其生于天之一，化于地之六，而其泽无穷。故天子祭天地山川，而《书》有'类上帝，禋六宗'之文，余既知之矣。今所谓天地水三官，皋具冠裳珮玉之饰，则吾不知也，岂以士庶不得僭祭天地山川而别三官乎？"杰复于余曰："《道藏经》有云：上元天官，主赐诸福；中元地官，主赦诸罪；下元水官，主解诸厄；各司厥事，以阴骘下民，每岁正、七、十月必虔祀以报之，此吾民必欲崇其祀、尊其庙也。"余曰："嘻！有是哉。"

吾闻有善无恶，天地之性也；遏恶扬善，天地之命也。三官之赐福、赦罪、解厄者，莫非此理之运于冲漠，而与吾民相为协应者尔？如曰赐福，必人之有是善也，不善者而能徼其福乎？如曰赦罪，必人之易其恶也，长恶者而能免其罪乎？如曰解厄，必人之无是过也，有过者而能逃其厄乎？若不辨泾渭，而混善恶于无别，必非三官神正直之所为，而徒焚修诵说，以希神之佑者，惑亦甚矣！又闻之《易》曰："天之所助者，顺也；人之所助者，信也。"吾能明天之故，察地之理，而心如止水不为妄动，则一善集而千祥随之。天以覆我而福之寿之，即赐我之福也；地以载我而康之宁之，即赦我之罪也；水以泽我而不污浊涵、不沦沉溺者，即解我之厄也。何莫非神之力哉！不宁惟是，天神格于上而雨旸时若，地灵效于下而郊原日固，河伯尽其职而润泽流衍，以蕃民生，以奠民居，以延□□国祚而垂之亿万斯年。盖有隆勿替也，今日之功果，岂浅鲜哉！因系诗以歌之曰：

> 莫高匪天，万化之妙。凡厥庶民，用天之道。
>
> 莫厚匪地，生生是资。凡厥庶民，因地之利。
>
> 水哉水哉，汪汪洋洋。凡厥庶民，丽泽深长。
>
> 维天地水，号曰三官。司福罪厄，载肃载严。
>
> 有虔民心，报之所自。庙貌斯崇，永庇万世。

附记

此碑记撰于正德庚辰（1520），见于：国家图书馆地方志和家谱文献中心编，（崇祯）《大城县志》卷八，明代孤本方志选，第11册，线装书局，2000年，第417－421页。又收于：中国人民政治协商会议大城县委员会编，《大城历代文献选编》，河北人民出版社，2016年，第248－250页。标题下原有作者介绍："彭泽陶圻，司训。"

022　重修三官庙记

（明）高选　撰

尝闻三官，周之良大夫也，以直谏显于时，不用既而退于野，卒而为神，世咸置祠奉祀。吾邑深泽，亦有庙在焉，创建不知何时。稽诸宋元树碑来亦远矣。奈历时渐久，庙室就敝，神无所恃以为依，人无所据以崇祀，良可慨也。适邑人胡隆、王宗谊等相与言曰：御灾捍患，保我邑民者，神之德；竭诚尽慎，仰答神功者，人之心。心以享神，必假庙以严其敬；德以庇民，必藉庙以绥其灵。吾邑之灾蝗水旱无不免，瘟虐疾疫祈无不应，三神之威灵感应有功于民也。殆非小补者耳，今庙当新容，可后乎？乃约同志者三十余人，输诚举义，作会储财，百而工料经理素备，因以诹日鸠工，营始于庚戌之吉，越辛亥而告成焉。以庙宇则壮丽矣，以神像则焕然矣；金碧辉煌，土木皆文绣矣。规制区画，视昔尤盛。上足以壮神威，下足以肃众志，皆诸君力也。要亦感神之惠，区区之敬，有不能自已者，岂曰求福田利益也哉！虽然鬼神人心，其应如影响。输我虔诚，民志既缘庙而俱新；则锡我鸿庥，神功与造化同悠久矣，岂特会人蒙其荫已耶？兹因庆成，请予言以记之。予重其义，弗获终辞，乃述其颠末云尔。复为之歌曰：恒山拱翠，滹水流光；惟神之灵，永奠泽方。嘉靖三十九年庚申。

附记

此碑记撰于嘉靖三十九年（1560 年），见于：（咸丰）《深泽县志》卷九，中国地方志丛书，华北地方，第 511 号，（台北）成文出版社，1968 年，第 329 – 330 页。

023 徙建三官庙记

（明）石经世 撰

夏五月，城东关乡耆刘均一凰者，徙建三官庙成。有客请予为记，予作而言曰：三官之神，并列于天地水府间，其尊尚矣；矧建庙之始，业已有李通府记之，予何言哉？客曰：第纪徙庙之故及刘均行善之实耳。予曰：可得闻欤？客曰：愚请遂言。夫旧庙三楹，坐护城堤，面朝宗门，乃万历初居民刘希虞、刘希武、王朴等创之，以奉香火者。近县侯翟父母观风，谓于关中居民不两便也，议移置而难其人。刘均慨然以为己任，徙故址北三十步许，向明而立；土木砖石以及工食之费，悉出囊橐，阅两月而落成。庙堂壮丽，神像森严，内而供案香炉，外而墙垣、门屏、旗帜、坊牌，无所不备，巍然焕然，视昔有加焉。盖刘均以殷厚传家，若祖琏、若父希尹俱有善行。刘均承之以孝，率行绳武，不坠先声，不直此一庙为然。他如建龙王堂，修玄帝庙，铸城隍神，诸善绩昭昭，在人耳目，有不俟愚言者。予曰：是可以纪矣。尝观夫世之营造庙宇者，非诣渎鬼神以徼福，则诳诱愚民以罔利，诚心行善者盖寡矣。刘均不然，故于其建庙也，可以观事神之敬焉；于其敬事也，可以观奉上之忠焉；于其继述无斁也，可以观承先之孝焉；于其设施不吝也，可以观疏财之义焉。一举而众美咸萃如此，刘均其一乡善士乎！予故曰：是可纪也。抑又有说焉，福善祸淫者，神道也；赏善罚恶者，官法也。幽明虽异，其理则一。故天官赐福矣，然福之者，必积功累仁之十，否则殃且及之矣；地官赦罪矣，然赦之者，必悔过迁善之人，否则谴且随之矣；水官解厄矣，然解之者，必无妄之灾、求全之毁，否则欲脱徽缠、出坎窞末由也。故知神道，则知官法矣。因并及之，以为吾乡之向善良者告。

附记

此碑记撰于明万历年间，见于：国家图书馆地方志和家谱文献中心编，（万历）《饶阳县志》卷三，明代孤本方志选，第 11 册，线装书局，2000 年，第 144 – 148 页。标题下原有介绍撰者的文字：" 邑人，石经世，学正。"

024　重修三官庙碑记

（明）胡谐　撰

天地水府三官神庙，在庆都城南一里许，创建之因代远莫可考志。土阶数尺，规模隘陋，旁有虫蝗之神附之。弘治辛亥岁夜，若有人呼警修庙者。由是阖境无少长男女，争负土如市，逾旬月积高丈余，望之俨若丘陵。邑中善人刘富、王璨等咸相谓曰：非神之灵能使人若是耶？乃矢心募缘，获大众输助者，总若干缗。遂鸠工抡材，相其崇卑，计其丈尺，首营正殿四楹，宏敞倍昔，次则山门，又次垣墙，悉备焉。往来达官巨商，亦多敬仰乐施，诚一邑之雄镇、百世之伟观也。值正德庚辰，大雨连绵，水集土润，殿堂墙堵隤圮偃覆几半。时有文武，亦乡民之好善者，见之恻然，恐前功或坠，亟谋于士夫陈公敬、陈公汝佐数辈，又券钱若干，劝邑人何銮舍邻庙隙地四亩以增广之，相率协力匪懈。台级四面，环砌碑石；殿之东侧，新益关王祠；西侧仍附虫王祠。上下塑像俱饰以丹膜，加以龛座，仑奂鲜明，金碧辉映，视前日之功，殆有甚焉者。事竣，又惧修庙之由将来泯灭，力购坚珉一通，欲勒颠末以垂永久，请予以记之。予嘉其胜事可纪，因叹诵曰：莫为于前，虽美弗彰；莫为于后，虽盛弗传。今庙貌重新，是创于前者有可称，而垂于后者洵可述矣，欲弗彰弗传可乎？矧三官之神，有三元、三炁、三品之分，有赐福、赦罪、解厄之灵，昭然于天下万世，正而罔邪，信而足征，非怪诞不经之地，据其遐迩如期，志心香火，是即"使天下之人斋明盛服以承祭祀"之谓也。有感即通，凡祈必应，是即"洋洋乎如在其上，如在其左右"之谓也。鬼神之德大，圣犹赞其盛，夫何足怪？虽然在庙，肃肃鬼神，固所当敬；黩于祭祀，亦古所深戒。故圣人又曰：敬鬼神而远之，可谓知矣。予圣人之徒也，敢以是直告之，庶后之登斯庙、读斯记者，知神之重不可欺，而予之言亦不诬也。于是乎记。

附记

此碑记撰于正德十六年（1521），见于：四库禁毁书丛刊编纂委员会，（乾隆）《望都县新志》卷七，四库禁毁书丛刊，史部，第73册，北京出版社，1997年，第164－165页。标题下原有介绍撰者的文字："正德十六年，胡谐，邑令。"

025　创建大喜峰关口三官碑记

（明）成英　撰

国家布戎塞险，控障夷狄。西距京四百里许，有关曰大喜峰关口。其形势层山夹峙，而中冲坦，朵颜诸夷贡纳往来之路，内外之重地也。其城岐于两山之间，东践于麓，西□于地，制以武官督卒千余守御焉。□人素□武备而敬神□。世称神灵者，多建庙宇以祀。嘉靖戊子春，有□之乡耆杨□者，相与议于关之人，曰吾关诸神祠俱设，独三官之神庙宇未建，心尝缺□。众以其举为善，□与协力，□于□□资择地，得城中山麓之阳□明□□可□□□□□，□［庀］材鸠工，创建一祠，以奉三神，而时致祀□焉。其门垣殿陛□□□成殿，中塑神三像：一□［像］曰天官，□□□人之□福，□□□□［号曰紫微］君；一像曰地官，而□□人之灾者，号曰清虚君；一像曰水□［官］，而□□人之□者，□□□□□。□□□□□□□□□森整，其崇奉□意至矣。逮己亥夏，□人□□李□弟，谓是举之盛□□□□□□□□□□□□□□□□□□□岂易言哉！□□曰为善降之百□不善□之百殃□□□□□□又□之易则□□□□□□□□□□□□矣。夫□□□□□□国家爱养□□□□□□□之以□□□□□力以供之□以□□□□□□□□□□□□□□朝廷之恩□□□□□□□□□□□□□备而□不可犯之威有□□□□□□□□□□□□□□□□□前□□于□□百福之□□不可穷矣□□□□□□□□之□□□□□□□□□□□□□□□□覆之而无所□矣！然则，兹庙之建，夫人□能□庙□之严，于□而慎感应之□，于心□□□□□□□□□□□□将□□焉，岂特崇奉之粗迹而已哉！二人曰："然，命之矣，请归□白夫居人□□。"□为之记。大明嘉靖己亥夏五月吉日立。（碑阴面文字略）

附记

此碑记撰于嘉靖十八年（1539），正面文字因风化严重而缺损较多，发现于唐山市迁西县西北四十里的喜峰口古城北侧三官庙旧址。具体介绍可查看：王书珍主编，《创建喜峰口关三官庙碑》，

《迁西石刻》，百花文艺出版社，2007年，第60－62页。此碑标题
下原有关于撰者、书写者身份情况的介绍："赐进士第、中宪大
夫、山东等处提刑按察司副使、前贵州道监察御史滦州成英撰；敕
房办事迪功郎、鸿胪寺主簿东□顾祎书；顺天府蓟州遵化县丁酉科
□滦州张守直篆。"

026 延庆祠记

（清）王会汾 撰

事为乡国之所戴者，始为繁祉之所归，况世济其美者
乎？李子对乾，同门友也；家世德行，久推当代；乙卯获
隽，即闭户读书，乐善不倦，长安道上弗克见也。今年
冬，嗣君铜陵谒予而请曰："明初里左创三官神祠，万历
间重葺之，乡先达御史韩先生记其事。历今倾圮，古柏外
荡然也。家君悯旧基之湮，新而扩之为五层，前奎星阁、
文昌宫，次之关帝楼耸其中；又次仍旧址为三官殿，禅堂
其最后焉，增庙请僧重其祀；傍建义塾，延师广训乡之子
弟。落成矣，请延其名而记之。"予尝慨善行之难也，悭
吝者无论矣。搢绅素对之家，亦间有轻不赀之费，创神庙
祠观，巍焕其制，壮丽其观，尊崇其号者。然但奉神道以
饭僧，义塾之举，阙如也。抑因之有感矣。太翁万服公之
居乡也，善行未可更仆数。尝捐赀沙河驿，建文昌宫，以
开义塾，乡之子弟成就者不少。至今过其地，犹闻颂高风

于不衰。李子又绍乃休嘉，广兴义举。韩子云："莫为之前，虽美弗彰；莫为之后，虽盛弗传。"李子以孝子之心，继仁人之事，诚不独亲其亲，不独子其子，此非甚盛德，安能若是？古人有言曰："积善之家，必有余庆。"李氏世德作求如此，较世俗仅奉神道以饭僧者，不相悬万万哉？予乐其成，卜其庆之悠长也。因颜其祠曰"延庆"，并纪世济之美，俾勒石以垂永久焉。乾隆十三年戊辰孟冬。

附记

该碑记撰于乾隆十三年（1748），见于：（光绪）《永平府志》卷三十九，亦见其校注本：董耀会主编，《秦皇岛历代志书校注·永平府志》（清光绪五年），中国审计出版社，2001 年，第 1474 - 1475 页。

027　三官庙记

（清）陈略　撰

任邑四城门，南门常闭不启，其余三门，门以外皆建庙为之蔽，如开门见山者。然在当日创始者，将以聚城中之气，使不泄漏欤。抑令神光直注城中，凡宰是邑者为循良、为酷吏，居斯城者为善士、为莠民，环伺之，俾无所遁欤。余莅任之初，见东关三官庙破坏，神像暴露，即欲修茸之，而未暇也。越三载，民和年丰，召附近绅民询之，尚有膳庙地数亩为霍氏当出多年，遂捐廉赎地归庙香火，并选绅民忠实者董其事，捐资重修。凡五越月而藏厥事。登东城楼以望此庙，宛若屏障之列于前。视向之破屋颓垣，不足为东门保障而反令一邑减色者，其气象固殊焉。董事请余为文以记其事，除传地主霍孙氏与当地主吴宝忠各具甘结存案外，因推原当日立庙之意，与此庙之久废，而复修者勒之石。自今以往，庙为官庙，如有匪徒争差滋扰，许住持与邻右禀官究治。尔绅民应仰体余所以为尔等祈福之意，虔诚以尽其心，修葺以防其废，自永邀庇荫于无穷矣，岂徒壮形势、肃观瞻而已哉。

附记

此碑记撰于道光二年（1822），见于：（民国）《任县志》卷七，中国地方志丛书，华北地方，第210号，（台北）成文出版社，1968年，第481页。此碑文前有引文："三官庙，在东关外，道光二年（1822）重修，知县陈略记。"

028 化壁村三官庙碑

（清）林华皖 撰

三元三官大帝宝号载在《道藏》及《真诰》中，详矣。盖推天地水三者，所最初必有主宰，是者故称

"元"；以各有专司，若分职然，故称"官"；至为生民托命，功德显灿，宜其爵号，等于至尊，故称"帝"。天下郡邑咸立庙祀之。夫权各有分而祀必合者，何也？天一生水，地六成之，犹持载覆帱之不可分，犹三关不离一窍元关，三药不外一品真药，盖无人、无处、无时、无事，非帝式临之也。新乐西五十里为化壁村，村北有三官庙，庙貌既久，圮陋不修，适巡按御史董公道经此地，慨焉捐俸，命皖督程，皖受命亦捐俸，增庙卷廊，辟门三楹，置田设僧守焉。工告竣，集父老，谕之曰："是村西近滋河，冲啮为患。今为若筑堤堰，毋伤禾稼，岂人之功？微帝力，不及此，若其念哉！且是村介正定、行唐之间，军民杂处，风教不齐。今上台为尔等重修帝庙，无非使汝等知所敬畏，恶虽小必莫作，善虽小必力行，苟有动念不待言，为帝实先闻之，汝其慎哉！"于是父老僧人同请勒石，以告后之守斯土者。铭曰：天地初屯，水德首振；三圣分治，道协慈仁；崇号元后，普被群伦；甄校元籍，爰领列真；鲜虞西郊，逼在河滨；父老祈报，荐酹竣巡；庙室载新，为我蒸民；后之君子，其永恪遵。

附记

此碑记撰于顺治十四年至十八年间（1657—1661），见于：（光绪）《新乐县志》卷五，中国地方志丛书，华北地方，第210号，（台北）成文出版社，1968年，第472-474页。林华皖，顺治康熙时人，曾任新乐知县、连州知州。

029 （三官庙）记略

（清）史恩培 撰

三官庙实在辎重营北，刘《志》作西关，今仍之。然距郭门已里许矣。迩时圮废，盗丐犹或栖止，瓦木将并散失矣。僧以修葺为请其材，会众屡议弗成。余适请于州宪修复庙西真武殿，乃于殿左设座，移祀三官而东向。旧像仅存其一，并补塑如式。所余瓦木，移修□关庙并天齐庙，以料抵工所不足，并筹补足之。案钟款："泰昌元年造。"疑创建更久矣。钟楼在巽方，尚可补葺；因改为门，亦东向，可不废矣。又建一亭于西北隅，以为游览形胜之所。是年，州宪奉合肥爵相檄劝民种树，得十四万余株，先捐栽柳数千株为倡，西郭外尤多且远。沿堤掘沟引水，生趣盎然，开窗北望，尤多胜概，名其亭曰"爱树"，盖所以志异，曰甘棠之爱云。

附记

此碑记撰于光绪十四年（1888），见于：（光绪）《遵化通志》卷四十五，中国地方志集成·河北府县志辑，第22册，上海书店出版社，2002年，第627页。此文前有引文："三官庙，二十八。北关一，西关一，明泰昌元年建，据钟款：国朝道光初迁真武阁于西偏，近年圮废。光绪十四年，州人史恩培移遗像于真武殿左东向，并建爱树亭于庙西北隅。"

030　广安镇三官庙水陆殿碑记

（清）刘汉儒　撰

平舒居燕赵之分，地连瀛海达津门，西去县治二十里，镇名广安，适当孔道，而轮蹄辎使每至止焉。镇地脉较他处稍阜而厚，桑麻梨栌之美颇甲一邑；其居卢错绣亦比栉若也。往有三官庙，初不悉其创自何年，其基址仅三楹，后草橡称之，一二头陀辈偻居，不蔽风雨。会少司马小峰李公稍为葺补，已有崛然改观之势矣。其僧广成正李公拔之于行脚者，想亦五百劫种有善因乎？僧少最狞，人咸嗾之，然正为狞也，机心不起，一味作如来护法。暨其徒福春持钵盂、肩行李，往来吴越间几万里，沿门募化得金若干。一种无赖方且剖腹而藏，乃竟于殿后旧橡，改造大殿三楹为水陆殿；殿两角各起禅室者二，其东西云连，榻明几秀，又不可十数指也。于是步留都虔请水陆像，辉煌耀丽，令人一仰对之，不觉面孔欲唾而尘心尽洗也。说者曰："佛氏以净为宗，以无为教，断绝一切而独琼宫瑶宇，不几令寂灭者顾而反走乎？"余独曰不然。世情迷于尘网，重以枣哲，偶提以清凉之境，不啻于火宅溽暑中，赤脚踏层冰耳。但一意淡漠，索之无味，扪之无迹，易使人厌而思遁，则鹫峰雪岭，金璧珠衣，未始非接引一妙筏也。头陀辈能作是果，不大愈脱离欲海；未斩魔根，乃执色空空色之说，妄欲与弥勒诸天争座位也耶？且上方别刹，云影山光，每足增游人问津之想，而广安镇添此一段胜概，观风诸君子一睇览之，恍见灵气之萃集，而为人文增色也，广成讵止为释氏之功臣乎？余曾习业于殿之左庑，禅灯慧性未必无默照之因。因序水陆之盛而并记之云尔。

附记

此碑记撰于清康熙时期，见于：（康熙）《大城县志》卷七，中国地方志集成：善本方志辑，第 1 辑，第 10 册，凤凰出版社，2014 年；又见于：（光绪）《大城县志》卷十一，但个别语句有遗漏，后又选入中国人民政治协商会议大城县委员会编，《大城历代文献选编》，河北人民出版社，2016 年，第 274－275 页。另外，此碑记标题下原有撰者情况介绍："都宪，刘汉儒，邑人"；从内容来看，此三官庙已经演变成佛寺。

山西

031　弱柳三官阁碑记

（明）赵沐　撰

县治北四十里，有古凤凰村，即今弱柳也。名不从古而从今，盖缘人多刚猛，故自宋元以来皆称弱柳。弱者，柔也，而柳又轻柔易制之木，此立名之微意也。本邑一十八里，人才惟金堆为盛，而金堆所属数村，惟弱柳为尤盛，除大小文职数十员，中间隐而未仕者四五人，若知府吉公在中、知州赵公廷伋、知县吉公泰，赵公廷俨、赵公沛，皆人才之杰出者也。盖其村落两山相顾，藏风不露，山水萦回，源深流远；四围松柏森郁，泉甘土肥，北倚霍岳，凤凰山环绕而拱，灵秀之气，扑人眉宇。村中区有古建关帝庙，巍峨壮丽，前有商山祠，后有山神庙，西有观音阁，最东则地势稍下，三水交集，奔腾澎湃，狂不可制。堪舆家谓："宜建庙以镇之，则水可安，流不溢。"嘉靖二十七年，太学生赵公晋卿，家食不仕，因商确于先大夫凤岗公廷伋、隐士刘公世卿、乡耆刘公世相等，询谋佥同，劝导各捐资财若干缗，鸠工集料，间掘崖土，得铜钱二万，始克攸济，谓非神之默相不可也。爰下砌石桥三丈，阔三丈，高二丈，中卷洞门长三丈，阔一丈五尺，高如阔数。上建楼

46

阁三间，前肖三官神像，后塑倒坐观音。阁高三丈，宽二丈有奇，两旁各二丈。经始于是年之夏，落成于再次年之冬。若金妆绘画，若屋脊门楣，若醮盆女墙，则频年陆续为之，皆义官赵公九卿、刘君珂、赵君廷侍之赞成也。夫自创始以及完备，前后四十年间，庙则高矣美矣，功则广矣大矣，胡可无记？而记则属诸余。余不敏，亦何敢辞？余惟地不自胜，因人而胜；庙不自美，因人而美。三官圣像，天下郡邑悉从庙祀，其威灵赫奕，福善祸淫，不遗锱铢，而人之崇奉信服者，亦无间于上下遐迩，则神之佑德罚恶，真伪不爽，而御灾捍患之功，诚宜岁时伏腊报祀之崇也。若徒觊其赐福、解厄之功，而无修德、弥灾之术，虽崇朝而祭，吾未知享与否也。然则修心田以为福地，诚为立身之本，反是而谄矣渎矣，神岂享之乎？兹因庙记而及本村之人材，因人材而及命名之初意。自此以往，当必有因观感而兴起者矣。凡有功于是庙者，例得书于碑阴。

附记

此碑记撰于万历十六年（1588），见于：（民国）《安泽县志》卷十五，中国地方志丛书，华北地方，第89号，（台北）成文出版社，1968年，第1006－1008页；又收于：刘泽民总主编，高剑峰分册主编，《三晋石刻大全：临汾市安泽县卷》，三晋出版社，2012年，第301－302页。另外，此碑记标题下原有撰者情况介绍："万历十六年，邑人赵汴，泰安县知县。"

032　三官庙记

（明）程启南　撰

邑人士聿修三官神祠，不日成者，久之未有碑记，以垂不朽。阅崇祯丁丑岁，爰使工人镌石，因浼余为之记。余亦共事中人，欣欣然愿效执笔，但于祀典未周知，而举祀道人举《妙经》相示首序：三龙女各诞生一官，分天、地、水为三；其弥月之期，又分定于正、七、十之望日。读未终，将信将疑，其然乎？其寓言耶？及考所纪宝号绰有次第：上元一品天官赐福，中元二品地官赦罪，下元三品水官解厄。就此联而成偈，如诗之古风，演而成经，计一千六百七十五字，要皆附之于儒。其间数众生之恶德，无所不至，即吾儒之小人而无忌惮也。诵经立忏，即吾儒之悔过迁善也。若天堂若地狱，随因随果，即《易》之福善祸淫也。假神设教，是或一道，然而未可专恃焉。忏者曰：诵《三元妙经》千遍，赐福、赦罪、解厄，三官各效其灵；代人诵千遍者，彼其善果亦如之。余不其然，会须口诵心斋，百行俱粹，万缘皆空，以冥冥质昭昭，无愧天神，无愧地祇，无愧水灵，斯一真与三元合，用康用宁，其食报宁有既耶？倘无鸡鸣之善念，平旦之清气，而徒诵《妙经》，以希奢望，噫！曾谓三官不如林放乎？窃有说焉，天地水应作本等观，不必藉胎生姓氏，以滋幻惑；但羽流诵法《妙经》，必合掌目，疑经者无法。余亦默默心祝曰："安得先我同然之言，相与共证法门？"恍然若或使之，抽案头卷，开一卷便见宋王逵云："老氏之徒，立天地水府三元三官之说，何也？盖天气主生，地气主成，水气主化，以三时首月之望候之，故曰三元。金为生，候天气；土为成，候地气；水为化，候水气；三元正当三临官，故曰三官。"得是说，不觉色喜，因全录之，以自信并信后人。洋洋乎如在上，如在其左右，神之问我固多也。由是思神之来格，修正、七、十之仪，报生、报成、报化、奉本等之祀而已。经始首序言，照存而勿论。

附记

此碑记撰于崇祯丁丑（1637），见于：（乾隆）《沁州志》卷四，中国地方志集成·山西府县志辑，第 39 册，凤凰出版社，2005 年；亦见于：（民国）《武乡县志》卷四，中国地方志集成·山西府县志辑，第 41 册，凤凰出版社，2005 年。

033　重建三元祠记

（明）秦邑岐　撰

安吉村之东隅，古有三官庙。其为庙也，不列诸祀典，则其兴其废，于一方之盛衰，初无关也。然而政所以为盛衰，何也？当万历时，民物熙恬，闾里和乐，庙既临水而面山，风清日好；士女之嬉游，骚客之吟咏，与夫缁黄之焚修，田夫野老之祈报，盖填骈而叠踪焉。崇祯之元，盗起自秦，逾河而东，居民惶骇而无所控告，翳于荒茅深箐，伏乎岩穴窟窖，骚然愁困而祀事微矣。甲申乙酉间，天崩地坼，数十万之寇不绝于境，民不获宁宇。始因庙之险崇其垣墉而睥睨之以相保聚，自是人若知为堡而不知为庙。越四、三年，梓里一片地，变而为豺虎之场；一彼一此，牺牲玉帛，以待来者，而覆巢探卵之不免，庙亦遂以烬。此在己丑之八月廿二日。呜呼！尚忍言哉，尚忍言哉！噫！民，神之主也；民之已亡，庙于何有！而郭君维宽、韩君一旌等奔播崎岖中，惊魂未及定也，吊死扶伤之不遑，独于庙率先经营，不浃月而告成。虽其才力之敏有过人者，或曰：惩前之祸而徼方来之福也。予以神之庙食于此久矣，岂不聪明、正直？顾当割剥、系累，号呼而曾若罔闻，安在其御灾而捍患也？不宁唯是，且不能庇躬，巍然冕藻而垂裳者，亦与炎俱飞而薪俱灰，安在其能祸福？奚取夫无知之土木而神灵之，为而又非也。思乐而喜，思难而惧，委土可以为师保，尹铎所为进迪于赵简子者也。当万历之盛，一时游息俱集，风流不坠，安知今之遽至于斯也？假使庙废，而垦为禾黍，荡为荆榛已矣。孰若庙存，令后之托足于此者，且流连愤叹、怵然知戒而弗纳于淫，不鉴而鸠此一方乎？是则郭君与韩君之才力固可量，而存变之意，殆深远矣。予于庙及见其盛，既而衰，衰而毁，毁而复建，感盛衰之无常，叹民生之多故，其又何能无慨于斯也哉！于其盛也，徇其请而为之记。

附记

此碑记撰于顺治己丑（1649），见于：（乾隆）《新修曲沃县志》卷三十八，中国地方志集成·山西府县志辑，第48册，凤凰出版社，2005年。另外，此碑记标题下原有撰者情况介绍：明孝廉，秦邑岐，（字）瑞之，邑人。又补：秦邑岐，崇祯六年（1633）举人，后退隐著述，有《备亡录》等（《三晋石刻大全：临汾市曲沃县卷》）。

034　创建三元宫碑记

（清）冯云骧　撰

六经有所不及训，五礼有所未及施。而神道之教，视之无形，听之无声，而每炫为奇异，骇人心目，直使天下之愚夫愚妇，善者有所劝而兴起，恶者有所怖而不敢为非；佐典法之所未及，辅惩戒之所不逮，固非漫然已也。镇城东关有三官庙，具铁像三尊，相传河水涌出，由来久矣。姜逆变后，殿宇化为瓦砾，十年于兹。黄冠贺子，移三像于废广府楼，而日为呗诵《玉皇真经》于其上，所获资斧，尽为修饰之费。年来复建庑对殿及钟鼓楼、碑楼，屹然巨观也。三官，相传为唐德宗时人，至今千余年，庙祀遍天下；意其云台响应，主宰三百六十之化，其功德岂浅鲜哉？独怪夫水之为性，不流束薪之微弱，何为驾金铁而来兹土？又何为以数百钧之金像，能驾悠扬之水以出世，而又不免于干戈之摧残，必俟十余年后，贺道人支天轴地之手，而后妥其灵？又何为帝子之壮业，砺山带河，一旦而为栖神放鹤之地？天下事有不可先传者乃如此！且贺道人者，不知其所从来，蜡口冰心，芒鞋布衲，炼石补天，寂然不动，其亦雪后登峨眉峰、冬月献牡丹花之流亚欤？余既骇其事之奇，而又美其成功之易，遂为之记。

附记

此碑记撰于清顺治十七年（1660），见于：（道光）《大同县志》卷十九，中国地方志集成·山西府县志辑，第5册，凤凰出版社，2005年；又收于梁斌龙主编，《三晋石刻大全：大同市大同县卷》，第200页，三晋出版社，2014年。冯云骧（1626？—1693？），字讷生，代县人，顺治十二年进士（1655），官至福建督粮道。

035　长春观重修碑记

（清）葛朝阳　撰

粤稽《周礼》著天官、地官之制，《禹贡》详导水、疏水之规。盖以天位乎上，地位乎下，水则周流无滞，其利溥、其泽长而其神化无测者，亦永垂久远而不可没。吾邑旧有长春观，居大街之中，创自元至治辛酉年内，仅立三清殿。至弘治乙丑，邑人士又建三官殿于三清殿之前，更立香亭以为拜祝之地，又树寥阳门以壮观瞻，规模广大矣。奈历年既久，风雨飘摇，殿宇日渐倾圮。本坊杨公字吉天者，睹庙貌之残缺，怵神像之剥落，慨然立志重修；遂起而首倡之，又会合同人，各量己力，以出资财；无募化之烦，无纷扰之事，数旬之内，得一百三十四金。杨公遂独肩其任，而王一宇、郭履安、王实斋亦相与赞襄之。于是选料鸠工，朽者更之，缺者补之，不事华丽，惟以坚固久远为期；其经营备至，不五月而葳事，而庙貌焕然新矣。夫杨公以古稀之年，不惮劳瘁而与一宇诸公踊跃从事，以相与观厥成，所谓乐善不倦者欤！将立石，嘱余为之记。余年亦七十矣，致身归田，复何敢言文？然久沐圣朝之恩膏，常佩先人之遗训，居常有利于人，有益于乡者，靡不忻忻然向往之，而有志未逮。是役也，余喜杨公之好善，又以见同人众善之缘，而乐世教之昌旺也。故不敢以不文辞，爰述颠末而为之记。乾隆五十四年月日。

附记

此碑记撰于乾隆五十四年（1789），见于：（光绪）《安邑县续志》卷六，中国地方志集成·山西府县志辑，第 58 册，凤凰出版社，2005 年。

036 创修三官阁碑记

（清）石中玉 撰

三官之神无所考。或曰：始于汉末张角，人有祀者为文三通，以通天、地、水府。或曰：老氏之徒，有天、地、水府三元之说，上元天官紫微大帝，中元地官清虚大帝，下元水官洞阴大帝。或曰：天气主生，地气主成，水气主化，用司于三界，而以三时首月之望候之，故曰三元。或曰：三神正当三临官日，故曰三官。或曰：天官主生，地官主死，水官主祸福。惟其靡稽，故解注纷；解注纷，故先儒无所折衷，而不载诸祀典；祀典阙而文者难其笔。抑或者其源隐于神经秘牒，而予未之见耶？今三神俨然象临，以奔走氄稚，一楮一香，破囱匍匐，岂有他哉！延生消灾故也。夫一旦之祸，百年之生，而以一楮一香延消之，何所持者廉而所欲者贪，所效者轻而所报者重耶？真如其欲而报焉，则秽德污行之徒，享祀丰洁，胥获上吉；践仁履义之士，享祀或缺，皆获上凶。是三神日操祸福，与细民较醮祭，而为众生注籍隶也，我知其不然矣。然人之肖像而祀之，亦有说焉。父母不能制骄子，一末吏治之而不敢起；王法不能遏枭獍，每慑骇于土木，人情大抵然也。今三神俨然象临，赫乎其仪，若披日月之光明；穆乎其状，若测山海之高深。初未尝示惩而遏奸回于方萌，初未尝示福而诱醇良以精进。如天之无不覆，如地之无不载，如水之无不润。道为神体，善为德用。《南华经》曰："官阴阳以遂其生。"《易》曰："元者，善之长。"谧世陶物，澄幽昭显，佐国家而助上帝，其功岂浅鲜哉！阁始于某年，竣于某年，正殿四楹，惟三官位。左右夹个为斋戒受釐所。前凭以栏，俯睇庐井，如古之守望；旁翼以厦，为村人观礼鹄立地。圭其下广可丈高，倍广而修三之，为车马咽束孔道。计所费砖瓦若干片，石若干丈，木大小若干个，灰若干斤，土若干箕；技艺班行不同，以工计若干；金青彩垩贸价不齐，以料计若干；米面时值不等，以斗计若干；油盐蔬菜、丛琐冗籍，以日计使钱若干孔。自始基逮考官而总记之，共靡费金钱若干两贯。输资姓氏分为二，以赘于碑阴。他村以道里远近第先后，本村以输捐多寡第先后，统镌之石，以示董事者之公。夫董事者勤劳备殚，而不敢稍蒙一私，非以死生祸福悬诸方寸乎？不然，何为条明若是？即此已验肖象之功一节。

附记

此碑记撰于雍正十三年（1735），见于：（同治）《高平县志》艺文第八，中国地方志集成·山西府县志辑，第36册，凤凰出版社，2005年。又收于：常书铭主编，《三晋石刻大全：晋城市高平市卷》下册，三晋出版社，2011年，第1196页。石中玉，高平人，字米袖，善医，（同治）《高平县志》人物第六下，有小传。

037 （三官庙）记

（清）秦东来 撰

道家有所谓天、地、水三官者，其说盖始于后汉张鲁父衡。然张衡等但有三官之说，而尚未谓之三元。其以正月、七月、十月之望为三元者，则自元魏始。道家以天、地、水为三元，能为人赐福、赦罪、解厄。郎瑛《七修类稿》亦云："天气主生，木为生候；地气主成，金为成候；水气主化，水为化候，以三时之月候之，故曰三元。"窃谓多福，由人自求；罪厄，亦惟人自作。三官之神不可知，而三官之理则远在天地造化，近在人之心，不必疑其虚诞也。况上元天官、中元地官、下元水官，各主录人之善恶，是在慎独之君子为善去恶，敬事其在心之天，而不必求之于在天之天也。

附记

此碑记撰于清道光时期，见于：（光绪）《寿阳县志》卷二，中国地方志丛书，华北地方，第 435 号，（台北）成文出版社，1968 年，第 158 页。秦东来，寿阳县人，道光己亥科举人。

038 重修三官真武庙记

（清）胡佐尧 撰

村之北旧有三官庙，迤西为真武庙，村人以其旧也，集赀新之，属予为文以记。予曰：毁之乎，其新之也？曰：新之。新之也，何居？曰：二庙之肇也，盖亦有年；自吾祖父，溯高、曾而上，皆尊奉而禋祀之。予曰：不然。王者肇兴始，举怀柔之典而妄效之，僭也；非分之祭，圣人戒之而甘为之，谄也，胡为乎我知之矣？夫人情所不能止者，圣人弗禁。予村地脉，自东南奔腾直下，环以汾水，雄胜无匹；而西北方俱缺陷，形家谓与居民不安，故建此二庙，以培补之，非僭也、谄也，新之庸何伤？昔唐狄仁杰、宋曹彬，于祠之不载祀典者，率毁之；而此亦不在有乖祀典之列，新之又何疑？予尤愿后之人，不负前人创建之意，庶几百废俱兴，有厚望焉。

附记

此碑记大约撰于咸丰时期，见于：（光绪）《河津县志》卷十二，中国地方志集成·山西府县志辑，第62册，凤凰出版社，2005年。胡佐尧，河津县人，咸丰辛亥时，为"候选教谕"

039 重修三官庙碑记

（清）佚名 撰

尝思有其废之．莫敢举也；有其举之，莫敢废也。而今乡里之建庙宇也，岂可□之而不举哉。余村古有三官庙一座，年深日久，风雨飘摇，不惟圣像固弗信夫辉煌，而且墙木亦将臻于倾覆。余等目睹心伤，金欲目基重修，不忍袖手旁观，但工费浩大，独力难成。于是公议"状元摇会"，积银甚少。苦其囊空，敬恳仁人君子，好善乐输，助其财用。乃人愿克随，凡吾村氓，庶皆戴鸿慈于靡极，而神灵得妥，即捐资诸公，并受骏福于无穷矣。今将功成告竣，其助赀姓氏，及襄捐鸿名，皆载于碑左，以示永垂不朽云。

洪邑永顺号、庆泰号、大成典、太生典、恒久典、北通裕典、□恕典、长庆典、简邑源泰典，以上各施钱二千文。□山协和典、神山德懋典、神山庆裕典、神山会锦典、神山恒昌典，以上各施钱一千八百文。郭树德堂、南三复堂、大兴典、聚庆典、烈成典、义盛典、晋裕典、存义典，以上各施钱一千文。募化人南方玉。同心窑施钱三千文。列泰号施钱二千文。三合号、永复号、正卿□、兴盛号、益友店、（个人芳名略）、永和店、盛隆昌、复烈昌、敬胜吉、三合粟店，以上各施钱一千文。募化人郑建栋、郑鸣周。(以下施财个人芳名略)。

时大清咸丰五年五月吉日立。

附记

此碑记刊于咸丰五年 (1855),为临汾市洪洞县龙马乡郑家寨三官庙之重修碑记;收于:洪洞金石录编辑委员会,《洪洞金石录》,山西古籍出版社,2008 年,第 398 页。

040 重修三官庙暨乐台碑记

高中昌 撰

古有三官之神者,天、地、水是也。天官者以其至高之尊赐福万载;地官者,以其至仁之怀化育万物;水官者,以其至清之德滋泽万灵。故言之曰:赐福、赦罪、解厄也。有我高白,旧称蒿泊。原三官庙及乐台始建于明初。数百年来百姓叨其福,万象沾其恩,乡民敬之矣,香火不绝耳。自民国十三年重建以来,经世事变迁,山川易容,久历风雨剥蚀,乃至庙宇荒毁,戏台颓靡,乡人叹之久矣。当今之时,世和于盛昌,民安于丰稔,实为政通人和也。村人牛永发者,时任中高白一村之长,久怀修庙之志,今趁乎天意,顺乎民心,率先慷慨捐资,又合本村急公好义者刘泰、李友春、梁继福等数人共襄是举,劳心费力,奔波四方,纠合精工,庀选良材。于公元二〇〇七年五月动工，一年之际，乃新筑正殿三楹，左右配殿各一楹，南北廊坊各三楹，山门、钟楼、鼓楼一应俱全。整体殿宇，于原础增高三尺，对面之乐台亦于原台基上原样重建。庙堂神塑乃依旧制，三官大殿主奉紫微、清灵、旸谷三帝君，旁祀周公、桃花女于两侧；文昌、财神分别享于配殿，观音大士尊于后殿，堂壁彩绘尽显诸神赐福。告竣之日，整座殿宇腾煌焕彩，香樟神塑庄严肃穆；雕其梁，画其栋，沥粉贴金，一派富丽堂皇之概。对面乐台，有水晶台巨匾赫然其上，飞檐拱角，遥相呼应。开光祭祀之日，仙乐飘飘，声绕于天；青烟袅袅，香漫于地。岂非一片升平？斯庙斯台，竟成一方盛景；信其香火日盛，必成道教圣地。仁人志士，其愿尽得酬矣。故曰：其德在庙，其功在人，光辉玉宇，沛泽苍生。以为记。清徐县文联副主席高中昌敬撰。

顾问：牛永发；组长：刘泰、李友春；成员：高中和、梁守维、胡景文。

设计监理：梁继福；施工：湖北殷祖古建筑园林工程公司，虞德武。

公元二〇〇八年七月十七日，夏历戊子年莲月戊午日立。

附记

此文撰于 2008 年，2019 年在山西太原市清徐县高白村三官庙进行田野调查时所得。

二、东北

辽宁

041　银州重建三官庙记

（明）赵惟卿　撰

天生地成，六一合而水用具，此三官命名之原也，如《道藏》等经所载姓氏龙女及三元下察之说，荒谬难诘。然赐福、解厄等语与祀典、御灾、捍患之意合，故庙貌遍寰宇，至今血食未艾也。铁岭，古银州地。成化丁巳，建庙于城北之柴河，祀必用渡，父老苦之，质诸堪舆家，以乾河厥土攸宜，顾时诎无当其事者。嘉靖壬戌，今太保宁远李公初视卫篆，即欲建如前议；时兵戈倥偬，仅仍旧贯。湫隘雨注，半入浸没，积岁渐颓圮矣。万历丁卯，公提兵北征，过而增喟，谓不足妥神明、肃禋祀也，乃大捐俸金，付致仕参戎宿君名仰辰者总其事。宿君雅有重望，复倡乡耆之趋义者，增庳为隆，拓隘就壤。东西广十丈，南北袤二十二丈，台增八尺有奇，周围以砖鳞砌。中建神殿三间，稍前建拜亭三间，左右廊六间；又前过庭三间，钟鼓楼各一座，两旁俱启角门以尊中也；复建住房三间，俾司香者掌启闭，阓其规制，揖如拱，秩如序。凡檐牙叠涩，丹垩涂护，咸辉煌错彩，巍然标胜概矣。呜呼！天地纯淑之气融结于山川者，恒有待而兴。银州称雄于辽，千百年蕴奇抱秀，乃储精于宁远公，无论勋业辉赫为名将第一，即此庙陀陀二百余年，亦藉公而显明昌炽，岂偶然哉！大约纯淑之气，钟于神则为威灵，为感应，以食报于一方；钟于人则为豪杰，为英雄，以垂芳于万禩。故通三才之说者，可以悉三元之情状矣。公重厥役，乃以庙状示赵子，赵子既纪其大略如前，复为迎送神辞三章，俾致祀者歌以侑觞，辞曰：

灵连蜷兮云中，森淼淼兮龙宫。横九垓兮极目，望夫君兮焉穷。芬紫坛兮桂栋，敷桂椒兮蕙肴充。右迎神

扬玉枹兮拊鼓，壮瑶簴兮镐钟。灵偃蹇兮夷犹，亘天路兮驾飞龙。役百灵兮横地轴，辇灵类兮剩从。并欣欣兮姣服，謇将憺兮纷来同。右降神

灵皇皇兮既留，炎高举兮云旗。若雨旸兮荡氛禨，奠厥居兮田畴。道百川兮不波，福无极兮银州。右送神

万历十年，岁次壬午，秋八月吉旦，赐进士、奉政大夫、奉敕总理辽东粮储兼理屯种、户部郎中、柏乡赵惟卿撰。

附记

此文撰于明万历十年（1582），见于：金毓绂主编，（康熙）《铁岭县志》卷上，（民国）辽海丛书，第三集，辽海出版社，2009 年，第 768 页。碑文前有关于此三官庙的简介："三官庙：庙建北门外里许。碑刻具载旧制，久成残毁。今正殿三楹以祀三官。前数武为上帝庙，盖居人掘土得神像，仅存其首，冶铜以成者。土人以木贯神像首，卓与其地。原任总兵王之纲见之恻然，谋于同志，为神座塑成神像，颜以丹碧。初为席殿，继覆以茅，今瓦殿小三楹，并塑站神，庙制俨然，率离逖尔土者之为也。旧碑二，一沿

剥不可辨，一如左。"赵惟卿，直隶真定府柏乡县人。

042　盛京三元神庙碑

（清）佚名　撰

自古帝王之兴，莫不首隆祀典，凡有功德于民者，皆为建坛宇而通脙蠁。盖神既佑民以福国，则国必崇祀以报神，此庙貌所由隆也。我太祖、太宗手定大业，拯斯民于涂炭，膺景祚之绵长，虽积功累仁所欧，而百神之灵，实式凭之。大清门东三元神庙，祷之辄史，及民功德，亦为最著。考之道书，神有天地水府之别，国家当干戈扰攘之际，急图康阜，使时和年丰，室庐相庆，则天官赐福主之。其或贯索未空，金气犹渗，使斯民秉德格非，远刑罚而登仁寿，则地官赦罪主之。又或大军之致凶年，大荒之致奇疫，涤其眚灾，而消其害气，则水官解厄主之。然则使民殷富，使民乐利，使民康宁，而因以默佑我邦家，孰非神之赐也欤？呜呼！发祥圣地，永藉呵护之灵；凡我生民，咸赖乂安之福；爰命勒石，用表神功，以垂不朽。

附记

此碑立于清顺治十四年（1657），此碑文收于：李澍田主编、蒋秀松点校摘编，《清实录东北史料全辑》，三集，吉林文史出版社，1990年，第93－94页。

043　拦河山创建三官庙碑记

（清）王人杰　撰

从来天地之精英，每呈奇于山水。山水之秀使无人焉
为之修补而栽培，则荒烟蔓草。虽有名山佳水而雨雪之
朝、花月之夕、四时之景况变幻无穷者，欲遍观尽识，苦
无托足之地，不能不令人浩叹于无可如何也。我海邑城东
八里许，有拦河山，旧名烂柯山，兀然特出，如虎豹之
踞、龙蛇之盘，怪石巉岩，峭壁突立；其旁则曲径通幽，
古洞深邃；侧有泉，泉甘而洁；又有清流激湍，映带其
前。登斯巅也，北望千峰万壑，争妍隐隐，层峦耸翠；西
瞻辽海，一泓如线，茫茫绿水分波，而且城郭、人民俨然
在望，桑麻鸡犬一览无余，可谓极一邑之壮观而不可多得
矣。然胜地虽存，曾无片瓦只椽，四方之游览者，即欲搜
奇探异而不可为信宿之留，非所以快登临之志也。幸有信
士路天直、李培枝奋然兴起，捐金募化，创立三官庙三
间、禅房三间，于康熙三十六年十月告成。招比丘僧实珍
于上，朝香夜火，祈保护于一方；暮鼓晨钟，觉迷途于大
众。曾几何时而已，居然一古刹僧院矣，岂复前之荒烟蔓
草，快登临而不可得者，可同日语哉？盖土木之兴，高山
较平地有数倍之难。兹既创造于前，复望继起者大扩充于
后，诚恐岁远年湮，顿忘始事，用是勒之碑石，以垂将

来。因群然问记于余焉，余邑人也，素性疏狂，酷嗜山水，庙成之后尝读书于上，凡一邱一壑以及晦明风雨皆所亲历，故知此山为最详尽；然众善人与众僧人用心之专、用力之勤且苦，又余之所目睹者也。余虽不能文，不敢谢不敏焉，于是乎书。

附记

此文撰于清康熙五十八年（1719）。此文见于：（民国）《海城县志》卷六，中国地方志集成·辽宁府县志辑，第6册，凤凰出版社，2005年，409－410页。又收录于：路世辉、富品莹编著，《鞍山碑志》，沈阳出版社，2008年，第124页。王人杰，举人。

044 千家沟三官庙重修碑记

（清）佚名 撰

盖闻人性本善，所以人皆好善，特无以感之，则人虽有好善之心，每多寂然。而圣明天子往往于都邑里巷，建立丛林，倾覆遗废，大为修补，非壮观瞻，实以劝善念。三官旧庙，不过茅屋数椽，□蔽风雨而已。其中之狼狈凋残，可以意会，难以言传也。有信善孟玺往来其间，□诸同里，诸君子，斩草木，理□基，重修大殿三间，塑像彩画。俱欢忻鼓舞，踊跃从事，乐善好施者，不知凡几□者。一旦粲然而炫目焉，□□像固足以感人，而人善亦可以格天。癸亥之春，佛像九尊，自地而出，非善之所感，胡为而自出耶？因此，则孟氏好善之心愈坚，乐善□□；又修佛殿三间，设立山门，□□围墙，虽云规模狭隘，无甚壮观，亦可谓聊且完备，勒石以志之也亦宜。

永平庠生：□□

会首：张伏虎　孟玺　金文享

住持道：赵□□　叶春□

乾隆十三年岁次戊辰庚申孟月

（碑阴为捐资者题名，略）

附记

此碑文刊于乾隆十三年（1748），标题原作"大清国盛京奉天府辽阳城东千家沟重修碑记"，见于：本溪市博物馆编，《本溪碑志》，辽宁民族出版社，2016年，第205－206页。

045　大连金州三官庙重修碑

（清）关廷桂　撰

夫谓继志述事，非惟尘俗中有之，即方外人亦有之，吾观空羽公则然耳。盖白石观之胜迹，前辈名贤已有佳作，但由建修而来，至于今百有三十余年，然而从延岁月，有不坍塌渗漏者乎？故于道光三十年重修两配殿。咸丰元年春夏以来，大殿后檐两楹素朽，大有倾败之患，会中等惊惶忧惧，历秋冬而后春也。始于二年三月开工，至六月工竣。事若难而移易，机似逆而转顺，岂非三元笃贶，神运斡旋，七年重修山门、群墙、钟楼，数年之间工概定矣。犹迟疑而未敢偷安者，从装塑而后，永未更衣，庙貌虽云完固，金身皆属残缺。于是不遑自逸，思焦形劳，又于同治二年，三殿更衣创修。维艰在兹，守成不易，益在兹。无何而空羽公属余爰叙其事，余讶然谢曰："无勒铭之才，不独使山水无色，又恐致金石抱憾矣。"空羽公曰："此赖四方善男信女，喜舍布施，奚可疏略而不纪于碑？抑敷陈直言，勿假雕虫。"余闻莫对，故列叙时人，录其所述，以志其不忘云。童生关廷桂拜撰敬书。

计开：三官庙四至，东至厢白旗地，西至山顶，南至八眼房身，北至厢蓝旗地。

会末：于万年、王德盛、王庶吉、温广文、赵兴安、于淳、杨丕新；王元福、洪廷秀、吕廷才、吴文东、吴顺年、关廷治、姜方勤；安永仁、于增礼、于天发、关德盛、李元祥、贵玉连、温广顺；于万显、许士美、潘成玉、张敏、张德福、刘英、姜春青；关廷栋、闫士礼、李文举、徐广盛、于万盛、关定楷、杨丕勇；安世焕、关廷奎、吕振声、张世恺、李元良、唐世才、赵鼎；道士杨浮贵、杨浮喜，住持杨空翔、滕空羽、滕空太、徐空乾（徒）；初坐屿石工李占云、侯登儒。

大清同治三年八月吉日合会敬立。

（碑阴为捐款题名，略）

附记

此碑记撰于清同治三年（1864）。此碑原立于大连市金州区向应镇大关家屯三官庙内，现移于金州博物馆。该碑记收于：王晶辰主编，《辽宁碑志》，辽宁人民出版社，2002 年，第 285 页。另外，此碑文中不少语句文意前后不连贯或前后不通，有待进一步查究。

046 （千山无量观）重修三官殿配殿碑记

刘明省　撰

三官殿为无量观正殿，创建于清代道光年间。硬山式建筑，土木结构。面阔五间，前有回廊、石柱，柱枋间嵌燕尾木雕，梁枋上施彩绘；大脊上有滚龙六条，造型奇特，两头有大吻，雕功细腻。正殿内供奉天、地、水三官，中八仙、瑶池金母、王灵官护坛土地。斯殿年久日深，多次重修。一九八〇年，千山景区管理处给予大修，彩绘神像，重塑面金，殿貌庄严辉煌。然而光阴似箭，岁月十七载过去，而今东西两配殿渗漏、颓残，焚修弟子杨崇信、刘崇尧、魏崇一等研究，决定重修。由陈崇真监工，木工隋寿山、隋伏山、郭延伟，瓦工李长茂、陈殿桦、李光浦，石工杨富太，雕工唐志和彩绘王怀国等，从一九九六年四月动工，至一九九七年八月工竣。东西配殿，重修彩绘，焕然一新；大门及垣墙，也予重修庄严。此乃继往开来之胜举，故立斯碑以为记。

撰文：刘明省；书丹：郭世昌；刻石，曹孟申。

焚修弟子：杨崇信、刘崇尧、魏崇一、陈崇真及阖观道众。

一九九七年十月吉日立。

附记

此文撰于 1997 年，为 2019 年在辽宁鞍山进行田野调查时所得。

三、华东

山东

047　修湖山陵成记

（明）朱阳铸　撰

湖山去兖百五十里许，离滕县约二十里，东南极秀丽可观，龙蟠虎踞，草木森郁；左右前后，居氓稠密，择而取之，以为余妃藏魄之所，俾死者得其安。第以物议沸腾，民之不与者半，不有人处置得宜，何以成厥绩而息物议哉？乃遣承奉正张聪说其民，总其事，指挥夏宗尧、千户翟翰、典仪韩元佐分理；又有府县官巡视都工，络绎其间，不期告成，得正殿七楹，东西厢房十楹，前后宫门三俱三楹，宰牲、具服房二所，其周围墙垣俱覆瓦；南有午门，东西有二门，琉璃翡翠，金碧辉煌，俨然生处。西门外约三里，复建三官庙，凡官员辈瞻望起敬欲谒陵者，预少憩于此。其一瓦一木，皆聪亲视，服飞鱼往来，可谓劳而有功者矣。考之放勋，劳者劳之，使劳者弗劳，则余心不宁，而臣工无劝，不亦背乎？适有余第四子东瓯王，偕诸弟新蔡王、郯城王、翼城王辈，启余为记，以勒诸珉。余应之曰：可。不以素难于此为辞，但有劳于王事者，不可以不与也，因书此纪岁月，以彰聪功并以篆额赐之。于乎，吾老矣！凡我士夫驻足于斯，幸勿以余耄舍而弗教焉。是为记。嘉靖二年癸未孟夏。

附记

　　此碑记撰于嘉靖二年（1523），为鲁王妃陵园修成记，其中有复建三官庙之记述。此三官庙为官员谒王妃陵时预备休憩之所。原标题为"修湖（当作狐）山陵（当作妃园）成记"，出于简洁，删改如上。撰者原题为"鲁藩"，应是指明代第四代鲁王朱阳铸（1448—1523）；"妃"，应指鲁王妃张氏。另外，文末还附有一段清代的文字，对碑文中三官庙的后续情况进行补充说明："碑在三官庙，庙在狐山西麓之西，当东入孔道。庙东南数十步，村名狐山营。康熙四十四年碑，以为鲁王葬妃于此，为守营校尉驻兵所，故曰营。自村东北行约三里，石坛周围，山上至山下而止中间一峪，阔可二十余步，而王妃墓在焉。山环其东西北三面，南开一面与山口对，形势开敞，北倚狐骆，东窥蟠龙，南望落凤，王所谓龙蟠虎踞者也。山前有石鼓大十余围，土人以为当时物；正殿、厢房及石垣遗址今尚存，篆文曰：丹书金册之封。"具体见于：（道光）《滕县志》卷十二，中国地方志集成·山东府县志辑，第75册，凤凰出版社，2004年，第359－360页。

048　重修三官庙碑

（明）马文健　撰

　　城之阳二十五里有大义集，土肥而民殷富，商贾往来其间，足称冲衢。南有三官庙，岁十月十五日香会甚盛。邑人旱涝则祷，疾病则祷，盖随祷随应焉。其正殿三间，创建于嘉靖三十六年社人李智等；大门三间，续建于隆庆元年社人李智等。是庙也，左道路，右田园，背镇民居，而面溪水，植木郁然，环堵矹然，宛乎洞天府地之真境也。第以日久，垣宇均坏，非惟亵神，亦不美观。万历甲申春，社人李智等举而重修之，仍建钟楼一所于阶之东。至秋事竣，庙貌焕然一新矣。因乞言于余以志不朽。余曰：神有三官，所以赐福、赦罪、解厄也；然灵爽虽有时而聚于庙，谓其专在是焉则悖；建庙虽以敬承其灵爽，假以求福焉则惑。诚知暗室、屋漏之中，出王游衍之际，皆是神也。吾明求无怍于人，即幽无愧于神；不媚，常吉矣。苟入庙见神，出而忘焉，违法悖德，无所不至，则冥冥将殛之，乃自以媚故幸免，神岂私乎哉？比福善祸淫之至理，书之以告作庙者，遂为记。万历十有三年岁次乙酉立。

附记

此文撰于万历十三年（1585），见于：（道光）《巨野县志》卷二十一，中国地方志集成·山东府县志辑，第83册，凤凰出版社，2004年，第473－474页。另外，碑文标题下原标注有撰者之官衔："大义保赐进士第、四川按察司副使、前监察御史。"

049　重修三官庙并学书亭记

（明）　王雅量　撰

自三官以灵异显东海，而四方走香火者若鹜。邑人周口谋建庙于城之西郭。不佞过而叹曰：城里西隅，故庙俨然，神以静妥，事以仍省，法以创禁，何如修故庙便？周□唯唯，悉以已构材付杨道人全济。济生而有戒行，悬铎一招，遐迩响应。辛酉春，先治拜殿三楹，会妖贼起邹滕，不佞率邑众拜而祷曰：神其惠顾我，毋令妖贼实逼处此，宁独社稷是赖，将得卒厥役，以报神之明德。无何贼平，济乃以癸亥再为举畚，葺正殿而瓦之。瓦成，不知栋之中蠹也。谋于匠氏孟某，匠曰：无畏，吾能易若栋，不取君值。众愕然疑之。已而栋易，一瓦、 墁弗动也。若匠氏亦奇矣，然乌知非神明之嘿相乎？时予与弟雅度恒游息此，嘉其成而举觞，劳匠氏且劳济也。济曰：此诸檀越力也。余笑曰：总之未也。尔记妖贼起时，所在焚劫，保有今日乎？向非邀神明呵护，当事者保障多方，即令济能点，铁匠能运，郢十方水陆共输，不堪妖贼之蹂躏矣。故睹庙貌而思全城之功。兹役也，非一邑之胜概而太平之壮观耶。夫四方烟火征太平者，非止于此。然不佞密迩其地，开眸举足，顿起今昔之感。

且其地虽无奇葩异卉，而庙东南隙处有柿数本，浓阴暗砌，秋冬之交，绿叶经霜而似醉，黄实映日以垂金；兼之月下，笙簧灯前，钟磬清音，彻耳尘、虑去心，将谋构草亭十笏，借以徜徉其中；与少长朋友，论文讲德，弹琴讽咏，优游太平之赐，以终其天年，不亦可乎？少尹马君闻之曰：一隅暂宁，疆场多故，犹先生先忧之日，非后乐之时；虽然蒲轮未下，当为先生赞成厥志。且道公物我，事属矜式，有司者义当任之矣。爰捐俸十余金，旬日亭竣，复置木榻、石桌为谈经之座，兼延问字之宾。不佞谢曰：若此，是为一方斯文执牛耳也，其取郑虔柿叶习书之意，以学书颜其亭可乎？公讳天驷，灵璧人，妖变之期，受檄任事，前所谓睹庙貌而思全城之功者。噫，是亭也，即公之甘棠也。

附记

此碑记撰于天启癸亥（1623），见于：（光绪）《费县志》卷五，中国地方志集成·山东府县志辑，第 57 册，凤凰出版社，2004 年，第 158－159 页。王雅量，邑人。

050　大佛寺重建三元宫记略

（明）王倣　撰

自历山门出，弥望皆山林，其峰峦之纠结，云之掩映，入愈深景愈奇；遇峭壁悬崖，猿攀蛇缘，人行树杪。去城若干里，有寺曰大佛，谷深土肥，泉甘草茂，余二子赏其灵秘，读书于此。时亦有栖正缁黄，隐见于朝烟暮霭间。释太正飞锡而来，依树梵呗，积苦精修。有山人进而告之曰：吾土有三元宫者，奥区也，创废不可考，止余败瓦颓垣矣。师有意兴复，吾率子弟，荷锸以待。乃鸠工庀材，以次落成。于是丹垩错落，山川生色矣。是役也，经始于天启七年九月二十二日，落成于崇祯五年六月十八日，爰勒贞珉，以垂不朽。

附记

　　此碑记撰于崇祯五年（1632），见于：（乾隆）《历城县志》卷十八，中国地方志集成·山东府县志辑，第 4 册，凤凰出版社，2004 年，第 335 页。

051　三元宫义学并置义田记

（清）王一奇　撰

　　漯水之涘有古观曰三元宫，风檐雨栋，暮鼓晨钟，黄冠缁衣游栖之所也。距观里许为韩氏村，村之老人暗修顾而慨然曰：地僻而幽，台高而墽，是可为精舍以居，学圣人之学者。即旧基新而广之，四甃以砖，前为阶，阶崇十二级；宫后为学舍，舍九楹，施田若干亩，为束脩之资。乡之人以其费且勤也，甚义其事。顾吾所以重老人，不在是。闻老人系出颜氏，为亚圣裔，自曲阜迁禹城凡九世，其别为韩氏之故，莫可详其由来。然与他村颜氏之侨寓禹城者，祖孙叔侄昭穆厘然可考也。宗支既繁，性情各殊，习俗之染，移及贤者，韩氏一村，老老幼幼，不世其先人学，而奉西洋教者十八九矣。西洋教者，世所称耶苏之天主教也。其言曰：天第蠢物，日月之更代，星辰之赢缩，推而测之，了如指掌，奚其神，孰纲维？是有主之者。主者谁则？耶苏也。夫西域之重佛久矣，耶苏之世不可考，然必其地之最黠者，乘佛教之衰而欲攘其重，乃别创为异说，以诳其国人；而又虞人不之信也，则仍窃释氏天堂、地狱之说，以防其出；并窃道家炼神、升天之说，以诱其人，于是其教遂行。后乃以金十万购回回历法而变其算数，取宫漏旧式而益以机巧，彼域之人崇而奉之有年矣。当明万历间，其徒有利玛窦者始入中国，出自鸣钟、量天尺诸物，炫中土人；中国取其天文历法，而其教则未敢显然行也。迄于今又二百年，日浸月溃，溃为狂澜，始而愚夫愚妇入其縠，既而学士大夫饫其唾，而又别为幻术，以水沃人额曰：灵洗；以饼投人腹曰：领圣体。是必暗置药物其中，而迷之以妄见妄闻矣。于是父甘贼其子，兄甘贼其弟，沉沉惛惛如宿毒之莫解，呓语终宵而不自知也，多矣！老人者乃觉悟其谬，孑然孤立于波靡之中，利之不动，怵之不移，以诗书教子孙，以礼让型家。此其见理之明不让傅奕，辟邪之心不下昌黎矣，可不谓贤豪也乎？老人年八十六，其弟养仁年五十七，事兄如事严父，子金声入邑庠，孙五人佩珩食饩，曾孙六人，年长者十三岁，行将见五世孙。家近百口，兄弟同爨，雍睦和乐，有义门郑氏之风，是真能学圣人之学者，其可传也已。义学之立，亦善推其所为而已矣。老人名养志，暗修其字也，乾隆六十年恩荣寿官。

附记

此碑记撰于嘉庆六年（1801），见于：（嘉庆）《禹城县志》卷十，中国地方志集成·山东府县志辑，第 10 册，凤凰出版社，2004 年，第 522－523 页。王一奇，邑教谕，菏泽人。

052 里固三官庙义学碑记

（清）曲安宅　撰

　　人之立名贵于能久也，乡区间亦有久于其名以垂不朽者，如马九成、马九魁兄弟是也。马九成、马九魁者，山西义商也，贸易来东，家于冠县城北之里固村，与张、陈两姓同巷而居者，已有年矣。里固村之大街南首，其道左有三官庙一所，村人祷灾祈福于此也。马九成、马九魁素心好善，回籍之时，将业地四十亩舍于庙中以为祭田，又于庙左修盖两房以为义学。其祭田，每年所输租价，除庙中香烟以外，悉充义学延师之费。由是，村中子弟皆分三官庙余惠，得读书嗜古矣。日久年深，少人整理，庙堂倾圮，义学两房，皆已破坏；独有记善残碑，已倒于院中，马氏昆仲善迹殆将没矣。后之首事，意欲复彰人善，幸赖祭田所输租价尚有余积，又赖张、陈两行与杜姓一家挨户捐施，共成义举，仍按旧基重起三官庙，又于庙左修筑瓦房三间，一门师弟均获庇焉。迄今送香烟入庙者，莫不曰：此马九成、马九魁之前功也；送子弟入学者，亦莫不曰：马九成、马九魁之遗德也。其名尚有朽欤？后之首事者，庶其无忘整理，致没前人善迹也。是为记。

附记

　　此碑记撰于道光时期，见于：（道光）《冠县志》卷九，中国地方志丛书，华北地方，第 29 号，（台北）成文出版社，1968 年，第 1437－1440 页。曲安宅，邑人。

053　重修三官庙碑

（清）李惟一　撰

三官大帝之号，不知始于何时，而祀者遍天下。予尝考其义，或曰：天官以赐福也，地官以赦罪也，水官以解厄也。是说也，予不敢妄为附会，而其牖世觉民之意，则深有取焉。何则？先王神道设教，原欲警天下之人，去其不善以就于善也。苟可使之去不善以就于善，正不妨多为之名，而神奇其说，而庄严其像。若三官大帝，其称名也久，其取义也深。为是说者，若曰：惟神至尊，一切福泽罪厄，实默主之。然非尽人而赐之，尽人而赦之、解之也。其人而正人也，善类也，则福可赐、罪可赦、厄可解；不则，奸邪无状，将罪与厄，无有穷极，而又何福之与？有信若是，是所谓赐福而赦罪、解厄者，无非使其人去其不善以就于善，而非别有荒渺之说也，则三官大帝之祀，非淫也，宜也。

城西南八里，旧有三官大帝庙，里人虔事有年，以殿宇日渐颓敝，谋更新之；又高其基址，廓其规模，中为正殿三楹，前为川廊，又前为山门，又前为影壁、戏楼，焕然改观，虽因也而实创矣。夫古人之论祀典也，曰：有功德于民则祀之，能御灾捍患则祀之。予闻斯庙之建，始自有明中叶，迄今几二百年，经兵火之变，大祲大疫之灾，他境率多死，徙出乡村落为墟，而独此附近居民，仰托神庥相保无恙，是非即大有功德于民，而能御灾捍患之明验乎？是非即所谓赐福、赦罪而解厄者乎？以故岁时伏腊，祈者、禳者、报赛者，日不暇计，佥曰：微大帝之灵，不至此。今者庙貌聿新，金碧辉煌，其君子入而肃然起敬，常存陟降之心，则益进于善也；其小人入而惕然生惧，时恐谴责之加，则不敢为不善也。由是而风俗日以厚，人心日以淳，吾见诸福之来，莫不备至，而又何罪之可赦，何厄之可解哉？噫！此先王神道设教之意也。是役也，起于甲午，至丁酉落成，首事善士宗廷宾例得书名，予故附于碑末，以为后之向善者劝。滋阳县增广生姚锜书丹。康熙五十七年岁次戊戌二月谷旦立。

附记

此文撰于康熙五十七年（1718），见于：（道光）《巨野县志》卷二十二，中国地方志集成·山东府县志辑，第83册，凤凰出版社，2004年，第492－493页。李惟一，本邑举人。

054 （三官庙）重修碑记

（清）成晋征　撰

庙在西城门外，附郭之岩关也。下为孔道，上塑三官像。庙貌庄严，神灵赫奕，为一方保障。凡所祈祷，其应如响，神之为灵，昭昭也。抑三官之义何居？世谓锡福、赦罪、解厄，各司厥事，以阴骘下民，旧矣！予惟天子祭天地山川，故《书》有类上帝、禋六宗、望山川、遍群神之文。冬至有事于泰坛，圜邱是也；夏至有事于泰折，方泽是也。而苍璧、黄琮、茧栗、陶匏、□［柴］望、祭告，惟天子得行之，无乃以士庶不得僭逾，故别名以远嫌而曰三官云云乎？或曰：以其形体谓之天，以其主宰谓之帝，则官亦主宰而言耳。古之天子亦称官家，不然上天至尊无对；地乃后土皇祇，水生于天，一由地中行，不应俱以官称也。故曰君、月臣、风伯、雨师，天之官；华、岳、霍、岱、木公、金母，地之官；江、河、淮、济、冯彝、河伯，水之官。天之所助者，顺也；人之所履者，信也。若一方诚敬，昭事无违，将各以类应。天神格而雨旸时若，地效灵而郊原膴膴，河伯、冯彝降祥，流湿润下，泽惠不涸，厥利溥哉！此庙之所宜建也。邑有三官庙，嘉靖六年孙子德辉肇建，落成之日有三人歌而过之，三客虽不经，其言非无稽，并镌石志之。

其一曰：轮奂美兮，嘏福绥兮，居人祀事，永无负所委兮。

其一曰：青山碾为尘，白画无闻人；痴哉孟东野，于道见未真。青山纵不碾，人心先已染；白画纵有闲，人迹先已悭；何当为大叫，免作劳生消。

其一曰：青春花鸟寂，月高山海孤；倡予予不和，维与天为徒。

附记

此碑记撰于乾隆五十八年（1793），见于：（民国）《邹平县志》卷十一，中国地方志丛书，华北地方，第358号，（台北）成文出版社，1976年，第888－891页。碑文前有此三官庙修建之沿革简介："三官庙，在西关。明嘉靖六年（1527），邑人孙德辉建；国朝乾隆五十八年（1797），邑人成璐、刘丰祖等重修。"成晋征，清代学者，字昭其，邹平人，顺治六年（1649）进士，历官太原管粮同知。

055　重修三官庙序

（清）赛玉纮　撰

文登四面皆山，而昆嵛为冠。山当县城之西南，北亘百余里，峰峦矗矗，四时幽绝，迥异人间，以故羽客往往栖止其处，为黄芽、紫车。世所传王真人及麻姑上升遗址，宛然可寻也。自兹以降，谋长生者益众，树帜谭经，几遍岩壑。而昆嵛之东，楚岘口之西，旧有三官庙。明季丛氏疾瘵甚，祷焉辄愈，爰创建斯庙，以报神庥，迄今又四十余年矣。楹栿将折，槤栌其倾，昔之髹龛绨几，半蚀莓苔，过其下者，感慨系之。然而环冈沓阜，窈窕参差，夕霭朝霏，松风泉响，依然一胜区也。黄冠真清，欲鸠工庀材，墍茨而丹雘之，而属余一言丐诸檀信。嗟乎！往者辛丑之岁，鲸逆倡乱昆嵛一带，果何如耶？封豕长蛇，巢穴其中，虽儋石之粟、拱把之材，莫不纵焚掠焉，甚至以琳宇充马厩，以金铛炊人肤，琅函玉轴忍以苴履，真仙家一大轮劫矣，岂知复有今日哉！然则是举也，岂神之灵耶，抑人事之适然耶？吾闻之，道家以水火金石为外丹，吐故纳新为内丹，道德其父也，神明其母也，清净其师而太和其友也。庙成则诵经，有地修真，有所而姹女成焉、白鹤集焉，相与饮石钟之乳、食天台之饭，安知太白山头不有飘飘然驾青牛而来临者乎？而曩时所称王真人、邱处机其人者，道士其惝恍而遇之矣。

附记

此碑记撰于 1677 年之后，见于：（光绪）《文登县志》卷四下，中国地方志丛书，华北地方，第 368 号，（台北）成文出版社，1976 年，第 325－326 页。此碑文前有关于此三官庙沿革的引语："三官庙，在城西北五十里，楚岘口西。明崇祯十年（1637）邑人丛中琳因疾瘵甚，疾愈，创建此庙。有碑记云：中琳自买赡地、山岚若干，各有四至，勒之于石。国朝康熙间道士真清重修。"赛玉纮，本邑人，字冠夫，号勺海，又号慵斋，康熙六年（1667）进士。

056 募修三官庙序

（清）叶履衡 撰

人神一理也，故明无不当敬事之长上，而幽无不当敬事之神祇，以彰分谊，以达帝谓，匪同诐溇，要皆与民义相辅焉。忆余昔抱疴几殆，梦中恍惚邀三官神佑，一旦霍然，且若预示将来仕进兆，不胜悚异，仰神灵之赫濯伊迩也。今兹承乏下吏，阅五载矣，凡社稷、人民事，惟敬从长官后，夙夜弗敢怠。至一切兴废举坠，若修建文庙奎阁、武庙殿台及城隍土地诸祠，虽皆与有征劳，亦承宰命，为之弗敢尸也。尝谒三官之神于西关，稽其肇造，自有明万历中，剥蚀风雨几二百年。且旁列尧舜二帝像，非制也。夫尧舜自应专祀，而三官之神司人间，降福消灾，于保国庇民之意允相符协，尤令人殷殷难已。爰首捐薄糈为鼎新计，别构寝于堂北，祠二帝焉。属释子悟计职其事，俾士众等知事神之理，即事人之理，诚能踊跃捐助，早奏厥功，则神妥人安，自有影随响应者，岂第斤斤乞灵于三官也哉！爰弁数言以为募。乾隆二十八年长至之吉。

附记

此碑记撰于乾隆二十八年（1763），见于：（乾隆）《济阳县志》卷九，中国地方志丛书，华北地方，第387号，（台北）成文出版社，1976年。亦见于：（民国）《济阳县志》卷十五，中国地方志集成·山东府县志辑，第14册，凤凰出版社，2004年，第375－376页；且碑记标题，此志中作《募修三官庙疏》。叶履衡，时任"邑尉"。

安徽

057　鼎建水阳西镇东平殿碑记

（明）袁守聘　撰

　　节义莫炎于西汉，稽古者尚焉。典午以后，风流著代，骚赋烦兴，节义一流如一线之悬乎九鼎，不谓唐之中叶得张睢阳公也。公之忠烈入人既深，千古而下，热血犹新，力能起疲人于生气。昔德秀于率然山中读公传，叹曰：使九原可兴，余为公沃马。盖忠烈之于人甚矣哉！王雱卒，每梦中语安石曰：儿恶孽堕身，为三官使者，移文极费勘问；安石痛忏，遂舍宅为寺。盖三官职司采访，晓夜燃犀，中如射覆，哺善殛恶，不少差池；又能翼睢阳之灵而助之赫也。余镇有东平殿，后有三官阁，香火相传，数百年如一日，且刹面修衢枕水，遂为驰驱道驿。而是水逼带陡门，当内外沟河络绎之喉。又金宝围，一大藩卫也，自有此刹而起闭不忒，涝魃恃以无恐，毋其保障江淮之余剂，有以干城民社也耶？夫司山灵异，天降玉梁；碣土救民，地开珠瓦。矧睢阳公之肝胆，在人面孔间；而三官赫奕，且屋漏必人者哉。

附记

　　此碑记撰于明代晚期，见于：（光绪）《宣城县志》卷廿九，

86

中国地方志集成·安徽府县志辑，第45册，凤凰出版社，2004年，第674页。袁守聘，邑人，万历四十四年（1616）举人，曾任广东云浮知县。

058 歙塌田鲍氏重建三官庙记

（明）鲍应鳌 撰

歙自岩镇而下，则塌田称最殷繁矣。民居与市相错，几千余家，沿溪流如带，而余宗鲍氏为之冠族望，与余家同出晋新安太守公裔。其始徙塌田曰延龄公者，仕宋景德间，为英武郎，以御契丹功，升洛州司士参军。时形家谓塌田南峙黄罗，其星火法，当受之以水，乃捐赀构宇，祀三官水神，其间用息火患。公后以闻于官，颜其宇曰"古圣堂"，复其地，里人至今德之。宋左史吕公为文勒石纪焉，岁久而颓。会公之裔孙澄目击心恫，慨然咨嗟，以为此先大夫之所创，以福利一乡者也，何可当吾世而湮祖德、匮神休且昌形家之忌乎？乃聚族而谋选胜地，夹溪之南，于塌田为东，而西其面黄罗诸峰，秀峙天际，形胜较昔益宏。澄乃倾橐赀，庀材鸠工，命弟淮与子文顺董其事。甃石为台，台上为宇，宇后为楼，高若干尺，广若干寻；溪水映带，其傍有桥，如虹蜒蜿，足当雄概。仍奉三官水神如故事，而中又设大士与汉寿亭侯像，裕以先世唐忠穆侯神主。庙庑缭垣，凡既备矣；又置腴脂若干，租岁征其入以供庙事。经始于庚子之春，竣事于甲辰之冬，费金钱七百缗有奇。其近属博士兄汝刚见而喜曰：是役也，功在一乡，力出一人，且以彰往而诏来，不可无纪，爰属余记之。余惟邑人最重家言，澄此举不能舍是，然非如世之崇祀袚荣者比。以缵先绪，则孝之属也；以隆神贶，则敬之属也；以荫一乡，则仁之属也，三物具而于体合矣。矧揆天象，协地宜，费不烦族里，劳不惮拮据，众善咸臻厥德，良巨嗣是，而余族之兴于堨田之□阜于后也，此举其可忽诸？遂为阐立庙之意，而记其事以勒之石。

附记

此碑记撰于万历甲辰（1604），见于：《瑞芝山房集》卷三，四库禁毁书丛刊，集部，第 141 册，北京出版社，1997 年，第 82 - 83 页。鲍应鳌，安徽歙县人，明万历二十三年（1595）进士，官至太仆。

059 （全椒三元宫）记

（明）王作霖　撰

全椒三元宫，古未有也。嘉靖乙酉，邑人沅陵令鲁淮、海宁丞黄梅、天策卫千户白鹭与余家君佩，佥谋卜于城隍庙西隅地可宫，遂宫之。赀不藉众，为堂三楹，县始有三元宫云。其宫卑隘，他宜有咸缺，岁久就圮，瓦解垣颓。家君为庙制弗新，无以崇神祝釐也，乃与里中金柱谋之，各捐赀宏厥，规劝境内尚义者相兹役。既闻于邑侯余公翔，公乐新之佐若成。于是为殿三楹，中奉三元，左奉北极，右奉梓潼，左右壁塑三百六十应感天尊；为门屋一楹，统以周垣；寝堂三楹，以奉三元旧像，翼以左右庑房四楹，以居住持生徒。陈宇辉焕，像设庄严，过者耀观矣。工始隆庆二年戊辰春二月，迄于四年庚午夏四月。邑幕史萧君国顺谓：费巨工艰，不可无记，捐金砻石，谒余记之。王子曰：家君殚心于兹役，有为哉！夫世传三者赐福、赦罪、解厄，闻者信之矣。然彰善瘅恶，国纪炳然著也，世人咸视而玩之；顾于鬼神之说，又何其兢畏，敃敃趋也？常见至狡狿者，岁时遇期，供香焚楮，修斋诵经以祝釐、肆眚。祷若神，必相肃相恐曰：戒之戒之，神其显斯也。至山氓里媪，心或抑郁不伸，必诣神宫，呼神拜且诉焉。信神之纠察报应，铢铢靡溢，若影响捷急，然见斯世之人心哉！至国家悬爵赏以示劝，人皆慕之，其心之慕善而必为，则百难其一焉。敕刑威以示惩，人皆惮之，其心惮恶而必不为，则百难其一焉。夫信法信神，情宜一也，矧欲善善足而福随、恶恶远而罪脱，皆取诸一心，犹洁珠于袖，发蒙于几；非若神之所赐、所赦、所解者，率幽深穷渺而难必也，人乃畏之。若是，虽临民者，日召其人，谕曰："善尔为，吾其尔福无迍；恶尔蹈，吾其尔罪尔厄无迍。"顾其玩益甚，其欺益深，神无一言以告。至狡悍者犹惧且信焉，何以故也，岂非在神者迅疾如风霆不可测，而国之纪法司之者容有疏而爽者乎？即其不可测者，窿若宫，俨若像，俾人人知迁善遏恶，以无坏法干纪。神道者，固人道之卫哉，斯则三元宫意也。

附记

此碑记撰于隆庆四年（1570），见于：（民国）《全椒县志》卷十四，中国地方志丛书，华中地方，第225号，（台北）成文出版社，1974年，第1087-1088页。此记前有关于三元宫的简介："三元宫，白鹤观左，明嘉靖四年鲁淮、黄梅等捐建；隆庆二年县令余翔、主簿萧国顺与邑人王佩、金柱重修，久废。"

060 （石山口过街楼）重修碑

（清）金墀　撰

硖石东山之南为三峰山，历下峰稍折而东，两山并峙，中通数衢曰石山口，上有杰阁，巍然两陵之间，莫究厥始，无岁月可稽，亦未有以志其名，土人谓之过街楼。固俚不足述，或又谓郭家楼，亦无以见其必。然夫以斯数创之由，不获问诸金石，并不能得之父老传闻之口；其历有年所可知然，故而恒完，且不知几经岁月而至于今尚存，盖代有新之者矣。楼旧制中作重屋三祀玉帝；东屋三祀三神像，缁流谓之三官；西屋三祀汉寿亭像；东西有簷，前则钟鼓楼二焉，明季善信添建。面寿春北郭，诸山屏列于左，复岫巑岏苍翠，诡耿长淮经其右，如匹练风帆，沙鸟对之神怡；夏秋水涨，万顷茫然，远连天碧矣。背州来其下，山环河绕，有襟带之势；平原寥廓，眺望宜远，淮北数十百里，庐舍田畴，如在眉睫之前。然则楼诚不可不建，幸已建之，又安可令之敝而即于圮？岁甲午，邑令沈侯假任蒙城，摄邑篆陈侯经此楼，见楼廉隅堆坏，西偏屋栋折垣颓，神像露处焉；乃捐俸为重葺计，更为作引。募修未几，沈侯复任，因陈侯之志为卒其事，集居人□金若干，撤而新之□宇，廊庑有仍无改。经始于十四年仲春日，落成于十九年孟秋月。工不甚巨，日乃多须，则众擎亦非易也。尝论人事代谢，往者不能少留，正如过眼云烟，瞬息都渺，即铸金勒石，亦会有尽时。彼创是楼者等，在此数百年而未尝有所留遗，以诏今日之吾；吾乃长詹詹谋诏后，夫吾者不赘旒乎哉？虽然吾惧斯楼终不免于敝且圮，圮日归于尽；迨其归于尽也，而后之闻其名者，遂无以识其地，毋乃后此望古者所甚憾？因于邑侯既新是楼，后为笔其事，志其山川，著其方位，倘亦此千数百年中之泥爪焉。按《旧志》，楼即五季时寿唐关故地，无从深考，并笔之以质后之知者。李景贤书丹，庠生张春元篆额。

附记

此碑记中有关于过街楼三官殿重修的记述，与下一篇前后相承，撰于道光十九年（1839），作者原题为"廪生金墀撰文"，见于：（光绪）《凤台县志》卷二，中国地方志集成·安徽府县志辑，第 26 册，凤凰出版社，2004 年，第 46 页。此碑文前有关于"寿唐关"的介绍："寿唐关：俗名过街楼，又名石山口，大山相连，中路微平，南唐设关，最为险要，今废。乡人建阁其上。按：寿唐关之名于古无考。"

061 石山口考

（清）方晓山 撰

志乘为古寿唐关，界于两峰之间，有重楼焉。中祀玉帝神像，东祀三官，西祀关圣，固代有整修矣。邑有占芳张君者以乐□称，蔡之桥梁、庙宇赖其力以成者居多，前令沈公云骧重修斯楼，屡属董其事。去春风雨连绵，而三官殿复倾，不禁目极心恻，慨然有独修之志。惟以年近八旬，嘱其令嗣张君标，鸠工庀材。而标素克象贤，不遑朝夕，约费百有余金，阅廿余而告竣。不特庙貌落成，而神像亦庄严矣。予思人事废坠之端，所在多有，然或欲为之而不能，或能为之而不果。君以一念之兴，而不坠斯举，殆所谓勇于为善者与？夫不私己财，激劝人心，如占芳者盖亦鲜矣，是不可以不志爱书之，以镌诸石。增生方晓山撰文，溧邑濮履和篆额，庠生张振清立石。

附记

此碑记撰于道光二十八年（1848），承接上篇，其中亦有关于过街楼三官殿重修的记述，而且碑记前有"道光二十八年邑人张

占芳捐赀重修，有碑曰《石山口考》”的引文，见于：（光绪）
《凤台县志》卷二，中国地方志集成·安徽府县志辑，第26册，
凤凰出版社，2004年，第46页。

062　修葺三官庙引

（清）黄中　撰

三官为水府尊神，道场居淮海之滨，东洋沧波之望。
凡三元日辰，薄海内外，普天率土，建斋设醮，恭敬奉
持，罔敢懈怠，摄敛其精神，检束其志气，以一其聪明视
听。此三官之教，所以裨益寰区也。桃溪东南河岸三官
庙，其来既久，殿宇有渗漏之患，僧徒无驻足之房。禅心
灯火，嘈唧于嚣尘；鸟石花栅，倾圮于墙外。游观往来，
无栖息之亭；抱膝长吟，无静止之地。欧阳永叔居滁邑，
则构丰乐、醉翁二亭。况名祠古刹为一镇香火之神，新其
僧室，葺其颓垣，可无亟亟乎？但事随缘就，功系人成。
凡四方檀越、诸君子以及往来江湖客，善心萌发，有若泉
源，因其势而导引之，则福田广种，又岂独一庙为然哉？
住持善生，道力精严，有志修葺，但力绵材弱，不足以妥
神灵而焕庙色；惟赖众力襄事，俾百年古庙一旦重新，神
之鉴观洞察，岂无默喻于冥冥者乎？余之尸祝而求者，惟
迅发其天然初起之良，勿遂其转念悭惜之志，则事无不成，
福无不就，神无不佑矣。敬拜手而为之祝。丙寅桂月朔日。

附记

此碑记撰于康熙丙寅年（1685），见于：《黄雪瀑集》（不分卷），四库未收书辑刊，集部，第7辑，第23册，北京出版社，1997年，第616页。黄中，字平子，号雪瀑，安徽舒城人，顺治十四年举人。

063　重修万寿宫三官殿碑记

（清）张楷　撰

真源观创自赵宋，明成化丁酉重修，见训导汪镐《碑记》，鼎革时毁于兵火。国朝康熙丙午，大中丞张公讳朝珍重建，见邑人任埈《碑记》。然汪《碑》止记三清殿及廊庑、堂宇、山门并门外牌楼，任《碑》止记三清殿及回廊复道，其前真武殿、后三官殿俱未详增造岁月。近三殿俱以岁久剥落，而三官殿尤圮。今大中丞李公，以三月中祝圣寿进庙，见待修甚急，爰捐俸资先修三官殿，八月中告成，庙貌已一新。前二殿仗中丞倡始之力，行与俱新；宫之巍焕，比前更胜。余承乏兹土，得襄胜事，与有荣焉。按：三清为玉清、上清、太清，皆天客之号，居之者元始、灵宝、道德三天尊。真武，则净乐国王太子，白日冲举，具载道书。独三官，则一云天、地、水府三元；一云皆生人，兄弟同产，如汉茅盈之俦。人心诚，感必应，故无庙不灵，况大中丞精心默契，前年捐创纯阳道观，备极庄严，非徒以资冥福，实以培元辅化。兹缘嵩祝致戒，诚感尤至。维太清道德天尊，即老君李氏，史称今犹在人间；而唐李邺侯以神仙兼宰相，稗史亦谓长生。今大中丞固李氏，自是盛世岁星。圣天子德兼两大，祚媲三皇，大中丞重寄保釐，长殷眷注，行见年年，万寿届期，率属僚瓣香虔祝于斯宫，斯宫亦与百庙群神，共庆无疆之休也。

附记

此碑记撰于康熙丙午（1666）之后，见于：（康熙）《安庆府志》卷二十七，中国地方志集成·安徽府县志辑，第 10 册，凤凰出版社，2004 年，第 731 页。张楷，郡守，长垣人。

江苏

064 灵宝院记（节录）

（唐） 王栖霞 撰

粤灵宝者，空洞赤书之秘号也。郁勃自然，生天地先，运无为德，被有为作。是以太上立德，其次立功。德者乾坤之大生，功者生三中利益也。……灵宝院者，梁天监贞白陶先生宏景所创也，始本昭真其号焉。……尔后既遇兵焰，灵致煨烬，荆棘相森，凡材围长，狐兔往焉，刍荛往焉，弗芟弗薙，历五十载矣！……造正殿三间，中塑灵宝天尊景从。砌坛三级，三门三间，环绕廊庑，一十六间，并葺坏整颓。降真堂续连于内，重新沼沚，再筑垣墙。东北隅即忠义太保公之季弟先于旧阁基建瑞像殿，三间两厦，中塑羊角山应现老君。西南隅向曰三官堂，三间塑像，炭炭其状，亭亭其势，金碧其饰，轮奂其映。瓦叠鸳翠，薨差凤翘，睟容礼而若昤，侍卫瞻而乍愕。旌幢翻翻，云鹤骿骿，嶜岭崛起，异疑飞来。非我公愿力斯应，像教斯感，即荒卤之域，安歔睹壮丽乎？足使真风永布，灵致恒芬，配天地而齐寿，总山川而介福，噩噩烈烈，可久可大。栖霞智惭绝妙，才非述作，盖受恩于始，受命于此，谒诚竭虑，迨兹成功。聊实记于质文，呈台览而刊于将来也。时太和三年重光单阏岁九月乙酉朔九日癸巳谨记。

附记

此记撰于太和三年（829），见于：（清）董诰辑《全唐文》，第六册、卷九二十八，山西教育出版社，2001 年，第 5711 页；亦见于（元）刘大彬编撰、（明）江永年增补，王岗点校，《茅山志》，上海古籍出版社，2018 年，第 341 - 343 页。王栖霞（882—943），唐末五代齐鲁人，一名敬真，字玄隐，茅山上清派第十九代宗师。另外，此篇和第 072 篇有联系，先后皆为茅山之三官建筑。

065　无锡州洞虚宫重建三元祠山殿记

（元）陈旅　撰

无锡洞虚宫，本梁大同所创回斗山青玄也。宋初徙置城中，赐额曰洞虚观。我朝泰定元年，改观为宫。盖为国家建熙事之会所，士民祷崇之灵区也。初，州之高士华君益既主宫事，又兼治杭之宗阳西太乙宫，以谓洞虚则出家受业之地，土田之入虽薄，室屋衰坏，不可以不葺，乃数往来完之。至顺三年秋，有不戒于火者，三元祠山之殿殿焉。则又叹曰：兹其可以已乎！夫穹然而覆于上者，天也；元然而戴于中者，地也；沛然而流于下，愈远而不可穷者，皆水也，是三者，物莫能大之。人生其间，善恶之有纪，功过之有考，得不在其官乎？将使人远而趋福者，其亦在于此矣。若夫祠山大神，古所谓御大灾捍大患者。天高矣，地厚矣，水深矣，高则人莫得而至也，厚与深人则莫得而入矣，大神则能出入有无，而通乎人所不能通者。故旱干水溢，与凡阴阳之，皆能为人斡回于漠之而消弭之，三元与祠山之祠，皆不可以不作。于是与宫之有职掌者，曰安以道、沈常德、童德和、张□等经营之。好善之家，乐于伙助，遂庀工度材，作两新殿。至元再元之四年某月吉日告成，坛堂邃严，像设庄晔，光灵威望，视昔有加。州人来观，歆向畏饬之心生焉。夫盈宇宙之内者皆鬼神也，物之细者，鬼神具焉，况其大者与其精爽之赫然者乎？然而人心者，鬼神感应之机也，以泛散之心，茫然求之，不若为位貌以聚。夫求之之心，心之所聚，鬼神之所在也。华君于其所在，以其法醮祭之，亦必有其应矣。盖三辰顺轨，川泽率职，寒暑节，风雨时，百物咸殖，上之人无忧而有寿，下之人皆无恶而有善，蒙神之庥，得相与安乐于太平之世，此所以祝釐之意也。世之务私其身者，固不遑于它，及其或脱去物累，翛然而独往者，又皆有所不为。求其能如华君之用心者，亦鲜矣！余于其征记也，故喜为书之。宫旧有方丈之室，自宋南渡以来，尉假之以为署，至于摧腐不可支也，因撤去之，且六十年矣，今亦仍故址以为室云。

附记

此碑记至元再元四年（1338 年），见于：陈垣编纂，陈智超、曾庆瑛校补，《道家金石略》，文物出版社，1988 年，第 1195 页；又收于：吴亚魁著，《江南道教碑记资料集》，上海辞书出版社，2007 年，第 130－131 页。

066　清微道院三元阁碑

（明）都穆　撰

姑苏清微道院在郡治西。宋端平中，建于法师余灵山；全本朝永乐初而废；里人成普玄者，募缘重建；宣德丁未，玄妙观道士王嗣先主之；正统丁巳，嗣先益广其地，建阁五楹，奉所谓三官神者，逾六十有五年。为弘治辛酉，阁四檐倾坏，风雨莫庇，院之道士王源清、何惟荣募缘新之；又谓斯院历年虽远，然未有纪文，来请于予。予尝考之，汉有汉中人张陵与其子衡，造符书于蜀之鸣鹤山，制鬼卒、祭酒等，号分领部众。民有疾者，俾书其氏名及谢罪之意；一上之天，著山上，一埋之地，一沉之水，谓之天地水三官。至衡之子鲁，而其术益盛，则三官之名盖昉于此。后之道家，创为土木之像，饰以冠服，俨然南面，以为实有其神，繇是闾巷细民往往趋以祈福。夫道家祖陵，称为天师，今若此，无乃背其师之说乎？虽然天下之事，多出于袭，而其袭之之久，虽有智者，莫能卒变，势则然也。故今之为道家者，亦唯谨守其传，以事焚修，求无坠而已矣。是阁之坏，殆非一日，置而不修，则无以祝圣釐、耸人望，非主之者之责乎？源清惟荣是举，其费颇巨，而且当盛夏之日，身亲其事，不惮劳苦，可谓有功于院者矣。因不辞而为之记，并系以诗曰：

姑苏为邦，多老氏宫；有若清微，翘然其中；繇宋逮今，久历年岁；莫为之先，后何以继；惟兹层阁，穹杰洞明；四檐翚飞，势凌紫云；神休是祈，圣釐是祝；朱槛一冯，万象森目；风摧雨剥，旧观莫还；爰有真士，植仆补刓；焕焉聿新，煌丽逾昔；邦人来游，无不啧啧；稽之道家，其宗无为；曰清曰微，一而靡他；矧兹阁者，趋乎物表；八窗玲珑，纤埃莫扰；圣凡同归，其患弗修；人而冥昏，盍愧羽流；刻我斯文，置阁之右；庶几后人，永永其守。

附记

此碑记撰于弘治辛酉（1501），见于：（崇祯）《吴县志》卷二十七，天一阁藏明代地方志选刊续编，第十七册，上海书店出版社，2014 年，第 623－625 页，碑文题目作《都穆三元阁记》。亦收于：（明）陈暐著《吴中金石新编》，石刻史料新编，第 3 辑，第 5 册，（台北）新文丰出版公司，1968 年，第 468－469 页；《吴都文粹续集》卷二十八，影印文渊阁四库全书，1385 册，（台湾）商务印书馆，第 711－712 页；碑文题目皆作"清微道院三官阁碑"，字句较《吴县志》有多出，个别字有差异，后又收于：吴亚魁著，《江南道教碑记资料集》，上海辞书出版社，2007 年，第 234－235 页。又收于：顾沅编《吴郡文编》，第三册，卷一〇九，道院一，上海古籍出版社，2011 年，第 606－607 页，碑文题目作《清微道院三官阁碑》。此记前有三元阁沿革的引文："清微道院：在府治西支家巷内。宋端平间建，本朝永乐间废，里人成普玄募资重建。正统二年，住持王嗣先建三元阁；弘治十四年，住持王源清等募修；天启五年，住持马正心建北斗七星楼；十二年，知县牛若麟鼎新三元阁。"另外，需要指出：此篇和下面两篇都是围绕"清微道院三元阁"而撰写的碑文。

067　重修三元阁记

（明）牛若麟　撰

吴城自宋端平间，建有清微道院。院故有穹阁，祠三官大帝，因曰三元，其神之出处，阁之创修，并详都太仆《记》。然休祥福泽，祷之辄应，严祀者遍天下，匪独吴中也。予令吴，适罹潦暵频仍，螟蝗肆虐，民瘝堪闵。每于夏秋之际，遍叩群祠，若清微之三官帝，则虽虽之众，谓灵爽答如桴鼓。予亟趋焉，象设俨然，尘灰蔽目，梁崩栋折，仅一木之支矣，何以妥神？乃斥岁俸，庀材鼎新，此庚辰夏事也。于时即儗撰记勒石，而娽娽救荒，荏苒两载，未酬所愿。顷再集羽流，设坛斯院，为祈年之举。入阁展谒，见贞石已琢，而予文未成，无乃负诺责于帝耶？虽然予之诚信，帝实鉴之。生民戴天履地，而上蟠下际者水也，天地水皆帝所宰，以成世界，休明圣祚，何者非帝之默助乎？惟神恍惚可以气感，不可以形求；可以理推，不必以姓名实，则帝之消灾渗、调元化，随世运而尝迁，亘终古而不忒，宁止句吴仰其庇佑哉？今清微院，固居僻巷，然殿堂精整，阁更耸于层霄，榱桷翚飞，东望黄堂，西挹翠巇，南临织里，北倚锦帆，颇占吴城之胜，宜帝灵爽之所凭，于清微尤著云。因嘱守院道流，其善护之，福善祸淫，昭昭获验，矧服习其教者耶？是为记。崇祯壬午仲夏朔旦。

附记

此碑记撰于崇祯壬午（1642），见于：（崇祯）《吴县志》卷二十七，天一阁藏明代地方志选刊续编，第十七册，上海书店出版社，2014 年，第 626－628 页；又收于：顾沅编《吴郡文编》，第三册，卷一〇九，道院一，上海古籍出版社，2011 年，第 607 页；又收于：吴亚魁著，《江南道教碑记资料集》，上海辞书出版社，2007 年，第 235－236 页。

068　清微道院修三元阁募缘疏

（明）朱存理　撰

伏以三元高阁，耸缥缈之云烟；七宝诸坊，阐清微之香火。都彼规模宏廓，爰渠栋宇高明。居士协心于肯构，神天著力于图成。小疏头敢相伸意，大檀越惟愿发心；金钱财帛之攸充，木石砖瓦之既济；轮奂美于兴复，丹书饬尔经营；遂令光彩此山门，顿见神仙吾世界。谨疏。

附记

该疏撰于正德年间（1501—1513），见于：《野航文稿》，影印文渊阁四库全书，1251 册，（台湾）商务印书馆，1983 年，第 621 页；碑文前有关于此三元阁沿革的引文："都同卿三元阁碑，姑苏清微道院，在郡治西，宋端平中建于法师余灵山，至国朝永乐初而废，里人成普者募缘重建。"；亦见于：《吴都文萃续集》卷二十八，影印文渊阁四库全书，1385 册，（台湾）商务印书馆，1983 年，第 712 页。

069　新建三元宫碑记

（明）刘良弼　撰

圣天子御极之五载，会鉴弦宋侯，以名进士宰宿，政平人和，百废具举。邑马陵之阳曰灵杰山者，新建三元宫成，盖宿民以倭变祷于元君，而灵有征应故也。至是刻石于宫，用垂不朽。余族大父鏊，因商于宿，以书征记。余时职虽观风，每睹宋侯政绩而重其有体，则知斯役也，侯亦因民之情而神道以设教也。夫幽明之道，相为表里，而世之畏人畏神者，其情恒异。故今之治人者，俾之遏人欲、存天理，以求无愧于神明。民必恬不为信，而罔动其趋避之心。惟于天之风霆摧折，地之乔岳崩裂，水之江海沉沦、漂没，则莫不悚心战色，气结汗流，相顾骇愕，而语曰：鬼神而不可射也如此。即乡人有为不善，则又相与戒止，毋为鬼神所谴。且治人者曰事敲扑，而民之肆偷益甚，至鬼神未尝谆谆语人也，乃至狡伪强暴，犹不敢欺，此其故何哉？岂非以神道玄不可测、人道显而易忽而用畏之不同耶？即不可测者，以崇诸像，使民入宫瞻仰，知某善某应、某恶某应，若影响形声之不爽，凛凛然不敢自甘于匪彝，以梗吾治，则神道者顾非济人道之所不及者耶？余固谓斯役也，侯亦因民之请，而神道以设教也，然则侯于幽明之理深矣！计工始于嘉靖四十一年十月，讫于隆庆五年六月。正殿三楹，范金为王者像，即三元君也；执事者十人，赫然森列；东西两庑十楹，塑元君化身颠末；中殿三楹，应道者夜见星陨其地，亦范金为火神、文昌、天师三像，取元会文明之意，宿之士若民其有兴哉。山门三楹，纸炉、钟鼓楼各二座，梁栋、栱榱、门楹之属，焕然以新；丹漆粉绘，黝垩之属，烂然以章；檐阿、堂陛、垣墉之属，翼然以整。始肖像者，邑耆边銮；施瑞募化，张道可、滕守成，乃若终始其事，经画不怠；用底厥成，则余大父鏊、邑民徐润、边守仁、李绶、王大练、彭杰、张柱、刘芝、张尚武也。其同施财，姓名复树别碑。邑人每于元君降诞，必罗拜祭祷，因为乐词六章，俾歌以侑享之。

歌曰：

于穆元君，功德彰闻；奕奕庙貌，烨烨肇禋；灵驭观景，秬鬯储馨；永思无斁，帝降居歆。

坎坎伐鼓，簋簋埙篪；灵之来兮翳九衢；灵剡剡望郁纡；灵亦乐只，万年无期。

元君蒸哉，于铄灵哉；乾清坤宁，生且成哉；云冯冯兮，萧萧九垓；阐灵百世，徽期炽哉。

遥瞻元君兮披霞裳，金碧煌煌兮鸣琳琅，神之歆兮乐且康，有赫厥灵兮垂耿光，千秋万岁，崇德弥芳。

礼乐章矣，嘉荐芳矣；祝词罗裸，灵胥响矣；维灵既享，锡福穰穰；笃叙万年，骏惠靡忘。

元君归兮旋故宫，神有融兮穆皇风，于陟降兮后维同，肇稽古兮奠无穷，承岁事兮万祀攸隆。

附记

此碑记撰于隆庆五年（1571），见于：张家桐点校，宿迁市宿豫区地方志办公室编，《万历宿迁县志》（整理本）卷七，广陵书社，2017 年，第 196 – 197 页。亦分别见于：（康熙）《宿迁县志》卷七和（同治）《宿迁县志》卷第十五；《宿迁县志》中，在此记前述有关于三元宫沿革的介绍："三元宫，在城内。原在灵杰山，与泰山行祠相连；明崇祯八年迁学，其址与学基互易，仍与行祠相连。"另外，刘良弼，时任御史。

文末"乐词"，（康熙）《宿迁县志》》与（同治）《宿迁县志》皆不完整，"神之歆兮乐且康"之后的诗句皆无，反而冒出"期肃静一方之吏治，百拜稽首以复命于吾皇"一句，错乱突兀；不但如此，（同治）《宿迁县志》在此错乱之句后还附录《何九州宿三元宫》五言诗一首："遥夜临仙宇，西风敞帝扉；钟鸣一雁下，人语四天稀；桂殿生秋色，兰灯澹碧辉；依依残梦里，还见五云飞。"

070 东海云台山三元庙碑记

（明）张朝瑞 撰

海内号大灵山者四，而云台列其一，其山四面，距海各数十里，巅曰青峰顶，奉三元之神而宫其上。顶所縣名，则以海上涉岁晚，群卉凋落，独此顶产万年松，承霜霰逾荣，是名青峰，又名金牛顶。近代大仙庵有僧名清风，居民严事之，遂曰以其号，误也。世传三元之先，家东海，今大村盖有陈子春遗冢。子春者名光蕊，实始诞三元云。元者，善之长也。浩劫以来，一元流贯，绵绵不绝；而析其品则为紫微，为清虚，为洞阴，以官天、地、水三界，而八埏明幽诸境，若燃牛渚之犀，万象在眉睫；王者宪天明时，推春秋冬三孟月之望，为上、中、下三元，而神钟造物之灵，三元应期而诞，至唐并从此山得道飞升，现化利泽莫纪。道典称：天首化，地首育，水首道，天化惟福，地育惟禄，水道惟灾厄，而三元分擅其柄。《经》云："九炁清风，云台山上，放大毫光。"此其印证也。神之嘏善殛恶，若谷之从响，纤巨靡忒。自楚越齐鲁河洛数千里间，震慑神威，人思涤心濯，行至有不惮国宪而惮冥报即至。圣之参赞三极岂其过？是岁丁亥，僧德证请之权知州事判官唐君伯元，创专祠为祀。其时远近辐集，醵钱庀材，工役大起，首建三元大殿。殿之阴为阁者三：一藏经、一千佛、一玉皇，而最高有望日楼，其景独胜。余尝从鸡三喔上登，曦轮晃矅，荡漾涛沫，万颖跃射，睛眩眦触，而海之几岛峰屿，尽现目境如绣。殿之阳，有接佛祠、九龙庙、九龙桥、南天门；殿左右各有楼，而左则弥勒佛殿、韦馱天尊殿、禅堂承之；而右则文武生祠、开山殿、香积厨、正殿；至中殿，东西各翼以耳楼、耳房，别为静室。延袤八所，天桥中跨，势亘雄虹，莲池冉冉，不飏而馥；其弥冈被麓，逶迤蔽亏，碧瓦雕薨，栉比棋布，顷又上荷。慈圣皇太后出大藏，幡盖颁降，一时四方祝釐，诸善士争忭舞而朝望之，恐失云台之灵，即不得与五岳五镇埒，而视彼普陀大士、太和元君宁轩轾耶？至若塔之为金牛，崖之为倒跳、为马蹄，洞之为二仙、为水帘、为华严、为朝阳，台之为凤凰，寨之为杨家，岭之为黄山、为竹节，潭之为青龙，坂之为大驾，石之为太白。北望鹰游海市蓬莱，东睇大海扶桑为田横之岛，南顾淮楚，西睹沂郯，其奥区神皋，固未易一二探也。殿经始于万历十五年六月，落成于二十四年九月。当未落时，余方参浙藩、守吴兴部，而僧德证绘图重茧以记属余。余披图数过，复议以山麓夹道宜缭以周垣，暮则扞掫而防摽攫；闲设沽肆，以供谒三元者昕夕匕箸。俟工竣，其香缗有余，则请榷于州官，听四乡建仓储谷，岁祲平粜，或抵补漕挽，俯蠲逋赋，与夫佐军需，修城郭，葺桥梁道路，俾海民永受其福，倘亦三元庇民福国之意乎？僧德证者，山阳善士谢淳也，毁家纾用，戒律精严，功号无贰，而住持僧德连圆寂，其徒圆林、圆景、圆松则皈依德证，相与勠力，鸠赞共成福地也者，因得并缀于末。

附记

此碑记撰于万历二十四年（1596），见于：（乾隆）《云台山志》卷之四，中国地方志丛书，华中地方，468号，（台北）成文出版社，1983年，第248－253页；亦见于：（嘉庆）《海州直隶州志》卷二十九，第500－501页；另外，原标题下有《子贞文集》，以示碑文出处。张朝瑞（约1536—1608），字子祯，海州人，隆庆二年进士，官至南京府尹。

071　敕赐云台山护国三元宫海宁禅寺碑记

（明）张兆增　撰

尝闻为出世之学者，草衣木食，横挑椰栗，相遇于穷山绝壑间，一言逗机，虚空消陨，则大事毕而邈乎相忘矣，奚暇为千万众计哉？自夫仁王宰官，体如来慈悲之念，为之建立道场，使诸学者坐卧安饮食时，严洁周固；而杰出之士入其中，得以一意究竟，方且事半而功倍，则护法之力又安可轻也？

云台山在东海中海州境上，翠涛环之，非舟莫登。怒石挂空，巉岩耸碧，箐篁杉柏之属，回郁千嶂，虽草木皆发异香。相传旧有梵刹，创自唐朝，开山未知何人。如赵宋时秀铁面诸老，时往来淮扬间，不知何以未闻住锡于此，抑龙象蹴踏之境，显晦固有待耶？成化乙酉，有禅师自称鲁王孙，过而乐之，遂住此山，取名"清风"，人因呼其山为"清风顶"云，嗣法者曰净善，嗣善者曰道融，嗣融者曰德连。融年百岁，连亦几百岁，尤苦行，相继极力整葺，遂成宝坊。时有客谢淳自淮上来谒连公，一接手即深相契，更其名曰"德证"。于万历十四年，忽一日呼其徒圆林、圆松语之曰："我今幻身将捐，汝等可师事谢。"遂以素珠、挂杖授证，泊然而化。

　　谢盖山阳人，少业儒，父没弃业游于贾，家居奉祀三元甚虔。性喜游，东来海上宿古殿中，而梦三元拊之曰："汝夙世僧也，吾生于唐，产于兹土，成道于此，汝当事予，勤修勿惰！"觉而感悟，欣然纳连公之记莂，遂弃家薙染足具戒于憨大师山中梵宇，誓倾其赀为之庄严。时将赀材于瓜仪，先一日，有秀士以一银锞尽判其木曰："明日谢淳来，足汝价。"明日淳至，知为神，远近感动。万历二十二年，奉圣母贞肃文献皇太后懿旨，赐经一藏，佛像三轴并紫衣、锦幡。三十年，又奉神宗皇帝圣旨，赐经一藏，敕谕"海宁禅寺"，遂成丛林，衲子争趋之。乃风涛震撼，不数十年，崩颓过半。适司礼监高公讳晋卿，奉敕督兹山，慨然谋所以新之，一时若苏公讳若霖、周公讳通渊、陈公讳云笈者为之佐助，同心拮据，复置饭僧田十九顷，以资其永久。凡殿阁堂庑，视证公所建增十之七，焕然金碧，如兜率内院矣。夫以灌莽之区，一旦幻出楼观，四事咸就，非因缘之偶而已，是必有以一茎草建梵刹者，而后楼阁重开也；是必有转如是经百千万卷者，而后琅函从天而降也；是必有晏坐岩中者，而后大知识如水赴壑也。古德谓"学道乃大丈夫事，非将相之所能为"。今诸公皆贵近天子，染翰日边，一旦急流勇退，甘心于穷海寂寞之滨，欲以一期精进取证无生，且为千万众计广种福田，人天功德曷可量哉？是役也，经始于天启四年月日，告成于崇祯四年月日，主其事者高等诸公，并凡攒运监督有功于兹，举者咸列籍碑阴，以垂永久云。

附记

此碑记撰于崇祯四年（1631），见于：（乾隆）《云台山志》卷之四，中国地方志丛书，华中地方，468号，（台北）成文出版社，1983年，第265－269页。

072 积金山庵重建三官殿记

（明）张子弘 撰

句曲之山，贞元蟠结，势如"巳"字，世传为华阳洞天。有姬周时郭真人修炼于此，有道行而山之名始著。至汉，茅氏三君神会于是，有灵异而山之名益显，不曰："句曲"，而曰"茅山"焉。夫茅山之真，源既自三君而开，则后之承其流、挹其波者，纷然挺出，如晋之杨真人、许长史，唐之李玄静、王贞素，梁之陶隐居，名著于当时；宋之刘混康，见宠于主上，敕赐诸宫观祠宇，而茅山之名，大盛于东南。凡古今登临啸咏、石刻时事者，多名贤杰士，若唐之开国公颜真卿、卫国公李德裕，宋之荆公王安石，今之诚意伯刘基等辈，咸崇表福区，昭致神灵，以鸣国家治化之盛。无惑乎颠倒一世之豪杰，奔走四方之士女也。此可见人之道因山而成，山之灵因人而显，大率天下事类若此者。

予考积金山在大峰之北，古以积金为坛，因以名之。形胜奇绝，诚茅峰中养真之灵境也。自宋蜀人王略、道士张明真之后，振作者乏其人，祠宫渐次颓朽。迨至我朝，仅存一祠以奉茅君而已。粤嘉靖辛卯，道士陈真福有志于斯，始重葺以新其制。历嘉靖庚戌，复殚其心力，拓其基址，鼎建三官殿与夫山门及诸圣堂、客楼，规模宏敞，布置精洁。重修玉皇阁，金碧辉煌，焕然维新。兹固真福不辞缔造之艰，以创可久之业，其心可谓劳矣。揆厥所由，实暨新淦乐善诸君子守支两淮盐商卢君曰以亨、曰大旅、曰发瑞、曰辑瑞、曰汝懋，曾君曰祐、曰叙、曰乾，温君曰桂，黄君曰国瑞、曰爵及，文君曰善作，邹君曰龙、曰鹤，与夫金陵巨族王君曰镒、曰锬、曰镗、曰柏、曰标、曰桥，暨新安叶君曰政，何君曰盛，程君曰容，悉不私其所有，而以公物为心，捐资以助成焉尔。真福恒感其德，不泯其善，征予以记之。孟子曰："君子创业垂统，为可继也。"今真福有之；"君子莫大乎与人为善"，今诸君子有之。是之取尔，庸以为记。赐进士出身奉政大夫南京刑部郎中张子弘撰。

附记

此碑记撰于嘉靖庚戌（1550），其题目亦题作《积金峰三官殿记》。见于：（元）刘大彬编、（明）江永年增补，王岗点校，《茅山志》，上海古籍出版社，2018 年，第 532－533 页。

073 三茅行宫记

（明）郑濂 撰

溧水西二十里有山，形类覆釜，名曰琛山。相传尝产玉，名因之。高不盈二百仞，陟其巅，则众山若拱若揖，而此山独端重不倚。北瞻神烈，南见三湖，庐山横望，左右列峙，超然一胜境也。其上旧有三茅真君祠，不知创自何时。《列仙传》：茅氏道成于汉元帝初元五年，辞王君入句曲山；故老云茅君渡江，先占兹山，后归华阳洞天，后人因立祠纪其迹。国朝嘉靖间墟莽矣。溧有善人武君潘虑其久而湮也，乃因其址而鼎创之堂三楹，以栖三茅真君，别建玉皇阁、三清殿、真武祠、文昌祠、三官堂、保生堂、拜章台，凡若干所；又为两廊以居道士。凡钟鼓、炉磬、厨舍、斋堂器用咸具，计费无下数百金，皆武君与其弟潛捐己赀，不藉于众。告成，扁之曰"三茅行宫"。远迩之民礼拜，而祈禳者接迹焉。君之子太学生曙以其状征记于余。余惟民之朝宗，神之感也；神能感人，山之灵也。余又尝闻山之阴有上方寺，孙钟种瓜所也。时有三少年造钟，钟设瓜事之，惟谨因示以善地，遂化鹤去，至今以思。鹤名其乡，意三少年者无乃为三茅神乎？矧山去华阳洞天仅百里，宁非飚轮鹤驾之所游衍者乎？今圣天子崇儒重道而亦兼事元修，索天下名山祀之，而此山以撮土之渺尚遗焉。武君兹举，表山灵，章神烈，岂徼福云乎哉？余故乐为之记。

附记

此碑记撰于嘉靖四十五年（1566），见于：（光绪）《溧水县志》卷十七，中国地方志丛书，华中地方，第12号，（台北）成文出版社，1970年，第1298－1299页。需要指出的是：明清时期，三茅真君，在江南一些地区，也被纳入三官信仰传播体系中，该碑文中记述建三官殿，也显示出这方面的内在联系，故录此文。

074 三元庙记

（明）孙慎行 撰

道经繁矣，其章章盛行世者不可数。然至家户传供，痴呆女妇、盲瞽乞儿，无不昼夜诵持，若木铎之号于路，无若《三元经》。予尝因家人诵，闲取谛观之，文几千五百言，然其言曰"广结冤仇""财交不明"，又曰"不忠不孝""非礼非义，绝往来恩路"，又曰"蛇牙虎口，心如锥刀"，又曰"不念他贫，只念己富"，何于财叠叠致意也。夫凡民所以相生相爱、相戕相杀，无不以货财为始，即上帝之鉴人心曲、降祥降灾，亦尽由是。尝欲为跋释，一弘所愿，未果，即尝日告夫人之诵持者而弗能咸也。适有建三元庙，成者来属予言。夫天道神明，无过福善而祸恶，而所为善者安归乎？归于恬澹也；所为恶者安归乎？归于贪竞也。夫恬澹非能尽善也，一恬而百善集矣，和洽辑睦无不成也；贪竞非能尽恶也，一贪而百恶丛矣，乖争攘杀无不为也。故充财之极，至六亲不固；何有路人，目前患祸，不恤何及久远！其干天和而召疫疠，固无足异；若果富者不吝、贫者不求、豪者不夺、弱者不忧，各正其心，和其谊以无怨仇，是将盗贼息、疾疹消，风雨顺时，施及田畴，其蒙神庇休可量哉？《经》所云报应种种，自作自受，盖信不虚。夫道家大旨传神意，开导民无过，清净恬澹，然于说诫货财处，无若《三元经》详又浅近易明，真可家户晓然。今人非不诵习，于欲利终不可绌，是则虽日诵百千卷，起众多宫观，终无有益。予故乐为说大义如此。此经旧不知所来，传者以为东坡述也。近读至"一十八重地狱，狱狱逍遥；三十三天天宫，宫宫自在"等语，疑深心忧患后开悟有得之言，非第俗人晓解也。予故复为之提挈云。

附记

此碑记撰于"甲辰冬"，即万历三十二年（1604），见于：四库禁毁书丛刊编纂委员会，《玄晏斋集》，四库禁毁书丛刊，集部，第123册，北京出版社，1997年，第128－129页。孙慎行，字闻斯，号玄晏子，武进人，万历二十三年（1595）进士，官至内阁辅臣，理学家，《明史》有传（卷二百四十三，列传第一百三十一）。

075 （三官庙）记略

（清）汪溥 撰

三元宫在仪邑城南，滨临江口，创自前明，内祀三官大帝。国朝粮艘装载铜像三尊，拟送云台山真君证道之处，船至宫前坚不能行。舟人祷之，即供铜像于内，舟始前进，因增其像之三而六焉。迄今，年久失修，殿宇倾颓，去余署数十武，往来心切忧之。适罗公煜来令兹土，亦有此志，遂鸠工庀材，重建山门大殿。事功未蒇，余署镇江，参将罗公亦调任江都，爰转托守备王君嘉福、詹上舍肇阶、童茂才正莆诸君募捐襄助，并东岳殿、穿堂装塑圣像，前后一律告竣。墉以周之，扃以闭之，森然端整，佖然靖深。事已落成，神将妥侑矣，余故乐为之记。

附记

此碑记撰于道光十七年（1837），见于：（道光）《重修仪征县志》卷十九，中国地方志集成·江苏府县志辑，第45册，江苏古籍出版社，1991年，第248页。碑文前有按语："前明崇祯年间建，岁久失修。国朝道光十七年奇兵营游击汪溥，倡首捐廉重修，有《记》。"

076　三官义塾碑记

（清）汪坤厚　撰

余丁卯秋权篆澄江，见穷檐子弟甚有清秀者，非役樵苏牧竖，即荒戏无度，急思设法教道之，使质美者可以造就，愚钝者亦不至不识之无。是非设义塾不可。查城乡旧设本不多，兵燹后尠有重兴者，亟为筹款建立。其六十余处，并拨不列祀典、已毁之庙产，各归各镇以充塾费。邑其得三千数百亩，是亦化无用为有用也。三官镇向有三官庙，粤匪之变，毁于火。窃谓重葺而龛神，不如改塾而设教，且为讲乡约之所，则崇实学即以敦风化，而何惧民之见异思迁也。爰请杨茂才、敦诗诸君任其事，拨庙田若干亩作经费用，不敷又向镇中集腋焉。鸠工未竣，余奉檄调署京江；阅一载，杨子来谒告塾落成，并示以图，堂庑庭阶位置井井，所列条约亦周详妥帖。行见发蒙养正，群欣马帐之传经；摩义渐仁，无异虎门之读法，从此人文蔚起，风俗敦庞，余实有厚望焉。

附记

此碑记撰于同治九年（1870）。见于：（光绪）《江阴县志》卷五，中国地方志集成·江苏府县志辑，第 25 册，上海书店出版社，1991 年，第 193 页；亦见于：中国地方志丛书，华中地方，第 457 号，（台北）成文出版社，1974 年，第 769 页。

077　改建三元宫碑记

（清）丁观堂　撰

三官者，天地水三界之主宰也，实与苍生之祸福有关，而降殃降祥，足扶彰善瘅恶之所不及。县城西南旧有是庙，为邑民胡沧所建，久不葺矣。余因其故址湫隘，迁于城北，与三清观合焉。于是鸠工庀材，捐俸不足，益以众助使，轮奂美、法相严，耳目一新，规模顿易。夫能御大灾则祀，能捍大患则祀，外此则祀典所不载。三官司三界之权衡，戴天履地者，孰不隶掌握之中，岂独睢宁一隅赖其呵护欤？然睢宁泽国也，地枕黄流，民虞昏垫，如邀神灵之福，波涛显轨，地尽可田，人安耕凿之。天岁有盖藏之富，熙熙皞皞，比户欢娱，登斯民于仁寿而夭札不兴；乐圣治之麻和而升平益庆，则神之福、余之愿也。是工始于正月三日，成于三月望日，匠乐效技，工不妨民，此则余之足以告无过者也。是为记。

附记

该碑记撰于嘉庆三年（1798），见于：（光绪）《睢宁县志》卷七，中国地方志丛书，华中地方，第134号，（台北）成文出版社，1974年，第356－357页；亦见于：（光绪）《睢宁县志稿》卷七，中国地方志集成·江苏府县志辑，第65册，上海书店出版社，1991年，第375－376页。丁观堂，此时为该县知县。

078　重修回真院三元阁记略

（清）金鼎承　撰

回真院之因回道人而名也，郡志述之甚详。其中有三元阁者，自故明崇祯乙亥里人郭从仪捐橐而成，历今八十余载，栋宇渐即倾颓。住持郭丕宗以修葺为己任，缘地僻径幽，都人士游览之所罕至，鸠工庀材，甚难其倡。康熙甲午，余筑坛于宅舍之东偏延，回真道士刘学孔以奉斗谈玄之暇，怃焉兴叹。盖将恢复旧制，以与回道人遗迹辉映于后先。余故不辞拮据，勉为修废举坠，并缀程工之起讫，以俟其后之善继云。是役也，经始于康熙丙申岁四月二十九日，收工于七月十九日。

附记

此碑记撰于康熙五十五年（1716），见于：（民国）《吴县志》卷三十八，中国地方志集成·江苏府县志辑，第 11 册，上海书店出版社，1991 年，第 589 页。

079　重修小云台院记略

（清）彭希郑　撰

吴中北园小云台院，创始者不可考矣。乾隆二年修真观羽士云表唐君用价得之。房屋无多，规模狭小；且七十余年，住持屡易，栋桷墙垣，日久颓坏。唐君道裔沈君嵩龄慨然有重兴之志，得农部郎潘君师升助之。山门向止一间，令廓为三间，正殿供奉三官大帝，后进供奉荡魔祖师。于嘉庆十九年孟春兴工，秋间告竣。基址未更而刮垢摩光，益以黝垩丹漆，更觉整饬。沈君住修真观，与云台院相距里许，年逾七十不能兼顾，命其师侄徒孙辈住奉香火。吾于沈君之潜修苦行，知其取友之端，必能谨守而勿替也。农部杜门养静罕与外事，独于是院之修，不惜心力，益以信沈君之贤而地之重兴，实有神明之佑焉。因为之记，时嘉庆甲戌立冬后一日。

附记

此文撰于嘉庆甲戌（1814），见于：（民国）《吴县志》卷三十八，中国地方志集成·江苏府县志辑第 11 册，上海书店出版社，1991 年，第 589 页。

080　紫英山碑记

（清）夏味堂　撰

事不历数人之手者，不能成一人之志；不作千百年计者，无以尽一日之事。人与事倏然耳。当夫倏然置身其间，若有迫之，使早作夜思，扣扣惵惵，积诚与劳，至于愚且瘁，犹若心力之未尽殚。达者观之，几不知其何所为而为，而当局者虽既去，而惓惓不能释。此当有其事废兴之运为之。虽然运不能自兴也，必待其人。人不可必得也而待之，且待之不一其人。故古今之成事也，良难幸而值之。于是乎日起有功，其事为可久，而又不能无事后之虑，吾儒与二氏无以异也。邮城北六十里，界首镇之紫英山三官殿，自远公开山，历六世至广公，代积苦行，庙貌日新，规制日益肃整。广公曾孙晏上人，敦朴勤悫，克承其先模，岁屡祲不为诎。廊宇林木庄严，璎珞之饰屡新而不告匮。入其门潭潭然，接其徒侣秩秩然，一选佛胜场也。邮绅士争慕上人之为人，岁丙辰延入城，主善因寺讲席；今又阅九载，其勤朴善守家风，如在紫英时。顾其情不忘本，犹时以故刹为念，每春秋必三数至，以紫英常住，传其徒寂来，匡其不逮；益成就诸法，以垂于后。更惧后之轶吾法也，历举诸祖像赞，兼自述始末，而属余书之，引以叙言。不观夫车乎？旦夕成之者，不可以历百里；积岁月之力，镂文梓为轮辐，曳缯帛为鞿鞅，侈然负异于众车之上，而不可以经确荦、被风雨。有世工者出，其度材也坚，其取之也时，其制之也重以朴，其凿枘之入也朴属而微至，其由粗而精也，经数工之手而成车，至是亦云善矣。然用之，苟尽变五御成法，以诡遇为喜，以要驾为乐，逾绝险而漫不措意，其不蹶且折者，鲜矣！呜呼！上人岂故为是绸缪者乎？其事与吾心有隐触焉，因为牵连备书如左。

附记

此碑记撰于乾隆四十六年（1781）之后，见于：（嘉庆）《高邮州志》卷十一，中国地方志丛书，华中地方，第 29 号，（台北）成文出版社，1970 年，第 2051－2052 页。

081 （三元宫）永禁浆布碑

（清）佚名　撰

在东沟镇三元宫内，光绪十一年，镇人田颂尧等禀称：布铺勾串染坊，以粉面浆布，不独欺骗乡农，抑且作践粮谷，知县阮本焱批准勒石永禁。

附记

此碑记撰于光绪十一年（1885），见于：（民国）《阜宁县新志》卷十九，中国地方志丛书，华中地方，第 166 号，（台北）成文出版社，1975 年，第 1193 页。

上海

082　集仙宫三官祠记

（明）张意　撰

三官祠者，世所谓三官神帝也，《搜神记》：三官为周厉王时人，唐宏、葛雍、周武，厉王失政，三官累谏弗听，弃官游吴，吴王悦之。会楚人来侵，三官战败楚兵，吴王酬以爵不受。后归周，宣王赐赍甚厚，卒加封侯号。至宋祥符九年，真宗东封岱岳，至天门，三官从空而下，扈驾显灵，帝封三元三品三官大帝，同判岱岳冥司，此其出处大较也。

碑阴题嘉靖四十五年，徽歙吴国宁室程氏、夏氏、男宗仁等七人，孙大成等十四人，曾孙自奇同建；又续题道光十年秦溯萱室金氏、男兆兰、兆甲重修。

附记

此碑记撰于嘉靖四十五年（1566），见于：（光绪）《嘉定县志》卷二十九，中国地方志集成·上海府县志辑，第8册，凤凰出版社，2005年，第594页；收于：吴亚魁著，《江南道教碑记资料集》，上海辞书出版社，2007年，第166页；亦收于：潘明权、柴志光编，《上海道教碑刻资料集》，复旦大学出版社，2014年，第87页。

083　张庄简公悦重修记

（明）张悦　撰

松之曹溪在郡东南七十里许，其南不数里即大海焉。濒海居民以鱼盐为业，余尢所资。每岁夏秋间，飓风作，阴雨晦，海洋簸荡如山，甚至决堤浸田，漂毁室庐。元至正时，有徐六万户者，悯其民为海洋所苦，谓海阴以幽，而幽则有鬼神，宜假威灵以镇之。于是舍基地六亩，西距溪二百八十步，创祠宇其上，奉香火以祈祷焉。此凤仙道院所繇建也。迨国朝永乐初，道院毁于倭，旧基鞠为茂草，几不可踪迹者四十载。其地之赋，则里民王文亨与其子若孙累岁输官，因以其地三之一为茔墓。正统间，总赋长杨拯，实里中巨擘也，欲为重建，白郡守赵公豫，可之；乃归命牧者杨道诚董其事，即其基创三官殿，复其院之名如故。景泰末，乡人陆用初有志为道士，遂出家，礼郡道纪李志道为师；成化丙戌请度牒，壬辰来住持，居无何，道诚物故。用初独立募缘，不饮酒茹荤，竭诚殚虑，乙亥作玉皇殿，作东西两庑；壬寅作钟鼓楼，作外之三门；至若庖湢桥井，与夫宾客讲演之所，亦皆以次完美。矧像设庄严，丹垩鲜丽，岿焉、焕焉。制度倍蓰畴昔，于其前人创始之意为有光，而居民藉之为保障，不益为久永也哉？是不可以无记，郡庠生杨傅以生长兹土，略述所闻，特书其成。予虽差长，然亦未闻其详，如所谓凤仙者，莫究其义；万户者，莫识其名，询诸故老，无所考，故记其大略以告来者。

附记

此碑记撰于成化壬寅年（1482），有三个版本：崇祯《松江府志》刊本、嘉庆《松江府志》刊本和光绪《华亭县志》刊本，且题名略有不同，文字也有差异。相比较，崇祯刊本文字最为完整，嘉庆刊本和光绪刊本则缺失不少文字，基本完整。其三个版本分别见于：1.（崇祯）《松江府志》卷五十三，日本藏中国罕见地方志丛刊，书目文献出版社，1991 年，第 1386 页；又收入潘明权、柴志光编，《上海道教碑刻资料集》，复旦大学出版社，2014 年，第 50 页，题名作"重修凤仙道院碑"。2.（嘉庆）《松江府志》卷七十五，中国地方志丛书，华中地方，（台北）成文出版社，1968 年，第 1673–1674 页。3. 杨开第修、姚光发纂，（光绪）《华亭县志》卷二十二，中国地方志集成·上海府县志辑，第 4 册，上海书店出版社，1991 年，第 756–757 页；又收入漕泾志编纂委员会，《漕泾志》，上海古籍出版社，1995 年，第 315 页。张悦，字时敏，华亭漕泾人，天顺庚辰进士，官至太子少保。

另外，此道院虽名为凤仙道院，但其主祀三官。此记前有凤仙道院修建沿革的介绍，《华亭县志》云："在漕泾（《顾府志》作府东南七十里），元至正间徐刘万户建，明永乐初毁于倭，正统间里人杨拯重建（参前志《顾府志》）。国朝康熙十八年新安汪震重修（彭定求《宋府志》）。咸丰十一年毁于兵，同治年重建。"

084 重建朱家角三元阁记碑

（明） 张其翰 撰

三元，赐福、赦罪、解厄，为大千世界慈悲主，故法幢宝殿遍满中区。今珠街阁镇为出拳一都会，旧有三元阁峳然市左，操瓣香而祈禳者，肩摩而踵啮也。自遭兵燹，风雨剥蚀，庙貌掩于螓蛸，殿铃罗于鸟鼠。皈依善姓，慨然兴鼎新之思，鸠工于丁亥之孟秋，告竣于是岁之易月，不三月而巍焕改观。登斯阁也，轮奂揽九峰之翠，嘉峙俨若蜃楼；金碧连三泖之辉，俯瞰如临蓬坞。五府之灵辅其左，城隍之神翼其右。风车云马，时登赐福之堂；月施霞旌，频来赦解之令。亦复延开士以司汛扫，置田土以供香积。规制不磨，人天共悦。问创议而首事者，则董元甫、金凤山、沈伯美也。问捐资而鸠工者，则薛君登、周公礼、万孝达、钮惟远、席君礼、周景旭、吴尧卿、卫君逸、周尚卿、薛君明、张景文、盛君贤、张景纯等也。买田以膳住持者，则钱君锡、钱秀甫昆季也。他若劝议督工，而助成者之辅之，陆公隐、姚去浮、金月池、张更之、卫君辅、陈静如、张爱塘、金德昭、张世卿、龚见川诸君也。并书以志一时之盛。

附记

　　此碑记撰于雍正元年（1723年），见于：（清）周郁滨纂、戴扬本整理，（嘉庆）《珠里小志》第六卷，上海社会科学院出版社，2005年，第74－75页。又收于：潘明权、柴志光编，《上海道教碑刻资料选》，复旦大学出版社，2014年，第135页。按：朱家角三元阁在朱家角镇东市惠安桥西，建于明天启年间（1621—1627）。此碑文前有一段关于三元阁的介绍："三元阁，在东市惠安桥西。天启间建，雍正元年里人沈宷等重修。"

085　重修三泾庙功德碑记

　　上海三泾庙，始建于明嘉靖元年（一五二二年），乃当时刑部主事石德明捐建，迄今将近五百年的历史。清乾隆三十七年曹天维助田七点五亩扩建。光绪二十三年复修观音殿，光绪二十五年，重建郡王殿。民国七年募修城隍大殿。

　　二十世纪二十年代，三泾庙分为东西两庙，东庙住持诸关麟，西庙住持张慎斋，人称东西三泾庙，每年元宵节，沪地民俗祭灶神，三泾庙竖塔灯。清明节、中元节、十月朝，三泾庙举行城隍神游乡，设坛赈恤游魂野鬼等活动，香火鼎盛。抗日战争期间，三泾庙毁于日军炮火。抗战胜利后，民国三十五年（一九四六年）两庙住持与当地信徒募资重建庙堂，再塑神像，恢复了以往盛世景象。但随着历史的变迁，三泾庙香火日稀，一九五〇年前后，三泾庙被改为泾德小学，一九八三年庙屋又由长宁路第二小学使用。

十一届三中全会后，随着党的宗教信仰自由政策的贯彻落实，三泾庙于二〇〇二年收回部分产权。后在政府的关心支持与广大信众的强烈愿望下，三泾庙获得新生，于二〇〇九年得以重修，对外开放。

而今三泾庙的修缮工程正陆续进行，无奈修缮工程耗费亦大，为完成这一弘愿，吾玄门弟子谨遵太上道祖教诲，广积善缘，祈请各方善信大德随缘乐助，共襄盛举，助建信众芳名本观亦将勒石留名，流芳百世，恩泽后代，是为记。

岁次乙丑年冬日

上海三泾庙敬礼

附记

该碑记撰于 1985 年，三泾庙是上海中心城区三家道观之一，位于长宁路三泾北宅 244 号，该庙供奉的是天地水三官。

086 三元宫坤道院重建记

林其锬 撰

三元宫坤道院始名三官堂，清嘉庆己卯（公元一八一九年）重建，改称社庄庙，又称除疟庙；道光年间迎供周中鋐像，称周太仆祠或周郡侯祠，俗称周太爷庙。周中鋐者，浙江山阴人，字子振，康雍年间，历任崇明县丞、华亭知县、松江知府兼知太仓州，为官清正廉明，深受百姓爱戴。雍正六年（公元一七二八年）奉命治理淞江（吴淞江）、娄河（浏河），凌险指挥，舟覆以身殉职，事闻于朝，钦赠太仆寺卿，加授护海百灵侯奉贤城隍。乾隆年间，在其落水处陈家渡（今属普陀区）建祠，春秋官祭，称周太仆祠；周太爷庙者，实为周太仆之别祠也。据道光元年（公元一八二一年）旧碑："爰新祠三椽，复增旁屋三楹，颜其门为除疟庙。"可见昔日规模。后屡有兴废：民国三十八年（公元一九四九年）大殿改作他用；一九五八年至一九七八年，停止开放；一九八九年由上海市道教协会主持整修，添置生活用房一座，改作全真派坤道院，称三元宫，于一九九〇年四月二十四日开光，并对外开放。二〇〇四年为配合浦东新区开发，经政府批准，易地重建：由浪水浜南侧原址，移至高科西路严中路入口东侧。二〇〇四年七月三日奠基，二〇〇四年九月二十八日动工，二〇〇六年元月八日落成。新庙占地一千四百四十平方米，坐北朝南，东西对称布局，前为山门钟鼓楼，中为大殿，两厢二层偏殿，后为生活用房。整体仿明清建筑，承重为钢筋混凝土结构，屋顶系统为土木结构。紫檀拱门，立体砖雕，祥云蝙蝠花帘，满天星镂空古式门窗，斗拱福禄寿禧花板，飞檐小青瓦屋面，红墙黛瓦，四角风铃，古色古香，庄重辉煌，充分体现江南庙观风貌。三元宫主祀三官神。天、地、水三元之气，生成人伦，长养万物；天官赐福，地官赦罪，水官解厄。三官显赫，灵福无量，今逢盛世，物阜民康。观宇新成，继往开来，述其大略，系以铭辞：

乾道成男，坤道成女；道源绵邈，女冠流长。华存感灵，位尊元君；不二守一，并列七真。

沪上成市，本属晚起；坤道宏扬，相对稍迟。理莲理化，卓越先行；紫阳金母，坤道肇始。

身背灵官，跣脚化缘；荜路蓝缕，苦行修持。通神修仙，真一同功；神缘广结，坤道乃隆。

遭逢浩劫，十年动乱；大道既隐，坤观离散。改革开放，万象更新；道统得继，坤道中兴。

壮丽辉煌，三元新宫；天仙合德，人物亨通。紫气东来，长居利贞；神佑四方，永享太平。

公元二〇〇六年，道历四七〇三年吉旦，三元宫坤道院监院范诚凤立，林其锬撰，王星普书。

附记

该碑记撰于 2006 年，三元宫坤道院历史悠久，主祀三官大帝，是上海市现存规模最大的三官道观，位于浦东新区花木镇高科西路 2119 号。

浙江

087　台州天庆观三官堂记

（宋）夏竦　撰

台之郡治东出百步，且北而抵山，有古宫室。旧传茅盈驾鹤上仙，始建为白鹤观。既废，至唐明皇兴之，筑"天宝"之台，于庭书以"开元"之榜。唐命既革，栋宇将朽，洎天福五载，永嘉威仪、叶后已之门人太元大师黄永乾，惠然来居，始议兴葺。凡五十祀，乃传门人张日损，太和冲融，悃愊无华，黄老之教，择其正而后学药石，赴人之急，不避风雨，时议以为长者。上即位之十二载，敕本郡以礼遣至阙，辞疾不起，由是远民始知日损有高尚之节。会国家降禅于社首，有诏改赐观额为"护国"，由是远民始知朝廷有清静之治，乃有石湛、来俊等献直三十万，请新三官之堂，以列塑像，以广焚修。既就，予往观之，而不知其何神，日损曰："道家之说，太虚之上，虚皇在焉，分命元卿，治于紫微、酆都清冷之宫；而三元按籍考察天下，有猾黠诡异、苛忍暴谩、险诐隐慝、僭妄欺伪者，可杀可夺，可贫可贱；有信厚仁惠、恭逊和易、谨愿端方、孝弟正介者，可安可寿，可富可贵。故上天有命，宥密无声，疏而不漏，如合符契者，三官之职也。"噫！吾尝读圣人言，有云："死生有命，富贵在天。"又云："皇天无亲，惟德是辅。"故常疑造化中有主邪？其自然邪？果如日损言，则三官其为主者乎？夫位有上真，职司造化，能使天下枉者直、善者安、暴者夭、仁者寿、贪者损、廉者益，虽尽杞梓之材为之宫，备山龙之章为之服，馨玉帛之礼为之荐，日祀而辰享可矣，非谓无名之土木也。予结发读书，弱冠为吏，未尝为恶，恶亦不及，从今以往，益致于善，以听阴骘，以验三官之说。

附记

此碑记撰于大中祥符三年（1010），见于：（宋）《嘉定赤城志》卷三十一，宋元方志丛刊，第7册，中华书局，1990年，第7516－7517页。又收于：浙江省地方志编纂委员会，宋元浙江地方志集成，第11册，杭州出版社，2009年，第5412页。此记前有简短介绍："三官堂在天庆观西庑。大中祥符三年，道士张日损建。按《道书》：三官职在按籍，以察天下善恶，故祠之。"亦见于：《文庄集》卷二十一，影印文渊阁四库全书，第1087册，（台湾）商务印书馆，1983年，第231－232页。此文，四库全书本题名《台州天庆观三官堂记》，而其余各本皆无题名，只在文前加"夏英公竦记云"引语。夏竦（985－1051），字子乔，江州德安县人，北宋时期著名政治家、文学家，世称夏英公。

088　清真道院重建三元堂记

（明）王家栋　撰

余稽郡乘而知嘉邑有清真道院，宋咸淳三年，道士俞虚中创建。院有双柱堂，则创于国初也。幽敞可憩，憩之者每意惬神王，名曰"九霞丹室"。"堂虚客坐对双桂，松老鹤来栖九霞"，则侍御谷庵姚公读书其中时所篆也。入肃朝，有若丰村金公灿者，柱史也，谢政归田，邻居则隐石佛，诣城则次清真，日与陆华亭道山公、范博士菁山公、贾密云育斋公、徐司理□山公，倡和斯堂，若有蛪茨之涂矣。阅岁至隆庆壬申，兵家治火药具之物者，族居斯堂，斯堂则有郁攸之灾。吁，良可惜哉！今天子改元，道士俞养正思此堂者，不可终废，撤砾绝，理燫乱，芟涤基址，志在重建，首公根正叩虔于三元之神，默相其志，而后召匠计用，投卜元辰，凝土度木，虑财鸠庸，日夜无却。幸郡中好善者愿加一力，而其寸木片瓦，丝积粒聚，始于万历癸酉三月十有一日，落于丁丑十月十有五日，计玄灵五运，斯盖构成焉。厥惟艰哉，孰谓斯堂之栋宇荣城，崇深爽磴，焕焉周洽，依然往昔也易易耶？故里有饮社，读法庋止者咸多，养正之功，不在俞虚中下也。外是而东葺文昌宫及华光庙，西建天医庙，与夫山门殿台，墙垣墀路，增坚易良；黝垩藻缋，颓圮者整顿，漫漶者修饰，斋寝庖湢，靡不营理，是眷正之诚足以动人，勤可以集事，不顾挑击阻挠，独尽其瘁，斯其鸠力敛资，而举所厥废，终克有成也。戊寅春，余□友走书乞余记。余曰：堂宇之新而敝，敝而聿新，物理固然，吾何记？吾何记！然独于兹有深慨焉，而因追畴昔谷庵、丰村之所以生辉斯堂，何其播美也；念今此养正之所以建斯堂，何辛勤悬劫也；又虑异时大家巨室狡焉于斯堂，或嗣法者不能甘澹泊以祝元禧于斯堂，变态百千也，不得不为之记；不然者，奚以记？为以故，檀越吕动等有感于余言，鸣之邑，邑之署印少尹吴侯赐其扁曰"玄境还春"，得无虑余之虑然乎，是为记。万历戊寅夏五月朱明吉旦，赐进士出身承德郎兵部职方清吏司主事、幸敕镇守山海关、邑人王家栋撰。

附记

此碑记撰于万历戊寅，即万历六年（1578），此文前有引句："隆庆壬申三元堂毁，万历癸酉道士余养正重建"。见于：（崇祯）《嘉兴县志》卷七，日本藏中国罕见地方志丛刊，书目文献出版社，1991 年，第 292－293 页。又收于：吴亚魁著，《江南道教碑记资料集》，上海辞书出版社，2007 年，第 236－237 页。

089　重修三元阁记

（明）邵陛　撰

嘉郡治之西南半里许，为南薰桥。桥之趾为三元阁，其来旧矣。考之方舆氏，午辛二水合流桥下，折而北之于宝带湖周遭，郡北盖此湖灵脉，为一方维奠。故宋时建水府，为宝带罗星镇于潾涯；遭宋季兵火之厄，而升真福地荡焉烬焰中矣。递元至正间，有羽客受以诚者，风巾云衲飘飘，为丹井砂汞之举。一日遇纯阳师，得针灸法，试者咸以为神仙，故所至户履云集，乃经始建阁三层，岿然于阛阓；临眺岚光，海炁隐隐在望。沿及我明至□世庙四年，阁复残于磷火，仅存烬余数椽。有邹景云辈祠之，迨于今五十余载；而张敏学、杜诗圣虔修上清之教，复创层楼，以妥大帝之灵。而余社友马君如麟及邑人沈朝秀、汪宪、姚文言等捐锱而助，嘉与更始，阅月而甍宇金碧焉奕于市廛之间。风清月凉，笙磬琮琤，若泠泠步虚，下度碧落，而城闉水隈恍乎有玉灵羽翮之曲矣。夫阁昉自戴氏邑乘，去澄海门一线，而近且侧在市廛，踞一片五浊之地，滨于桥趾，乃其建自宋而元而至今；若而襫其升沉于兵火者一而再而，敏学能振起而晖煌之，讵非冥冥者福及臻厥成乎？况宝带水神出入，而此楼实为锁钥焉。又三元为赐福、赦罪、解厄，西南赖以默佑；吉祥攸止，则所谓神道设教亦恶得而废也。□故与□学为方外，交楼既成，丏余文丽牲之石，余□□而□次其创建之略如此，是为记。万历九年岁次辛巳冬吉旦，赐进士出身大理寺右寺丞、前江西河南道监察御史翰林院庶吉士古余梅墩邵陛撰。本阁住持张敏学、徒孙顾有仁、马守德立石。

附记

此碑记撰于万历九年（1581），见于：（崇祯）《嘉兴县志》卷二十四，日本藏中国罕见地方志丛刊，书目文献出版社，1991年，第1039－1049页；此版有少数文字模糊不清，无法辨识。又见于：（光绪）《嘉兴府志》卷十八，中国地方志丛书，华中地方，第53号，（台北）成文出版社，1970年，第493－494页；但该文不完整，仅为《嘉兴县志》版的前半部分，止于"而余社友马君如麟及邑人沈朝秀、汪宪、姚文言等捐锟而助，嘉与更始，阅月而蒉宇金碧鸟奕于市廛之间"句，并将此句改为："余社友马君如麟等捐助之，阅月而成"，而此节略本又收于：吴亚魁著，《江南道教碑记资料集》，题名为《邵陛（三元阁）记略》，上海辞书出版社，2007 年，第 266 页。另外，文中"□世庙四年"可能是"世宗四年"，即嘉靖四年（1525）乙酉。（崇祯）《嘉兴县志》卷七可以印证："三元阁在报忠坊。宋时创建水府，以镇宝带湖，遭宋季兵火之厄。元至正间，道士爰以诚建阁三层，奉供三官大帝。明永乐己丑重修；嘉靖乙酉，阁复残于邻火，道士邹景云重建。万历辛巳又灾，住持张敏学重修。邵陛有《记》，见艺文。"

090　嘉兴南门重建三元阁碑记

（清）文德翼　撰

　　嘉兴城南有阁曰三元者，肇建于宋宁宗开禧间。元时灾，载建失考；有明嘉靖末复灾，万历九年乃克载建；崇祯末又灾，灾者三矣。道士黄弘敷与其徒吴汉瑛结茅以守香火。弘敷故，汉瑛孑然一身，募亦勤苦，始获乡人方际明捐百金为倡，咸闻乐助，而阁复岿然立于今。顺治之己丑，阅十七年，余过其地，汉瑛来请文记于石。余语之曰：自兵燹后，大江以南，郡邑舍及学宫鲜有存者。有司管钱谷、执鞭棰，且风劝民殷，以希复承平之制，垂二十载而卒不见成功，汝羽士手一柝、怀一簿，不数年而事立就，何欤？非诚而一、公而忘私能争胜斗捷于有力者欤？

此劳固宜记。有献疑于侧者曰：三元，非古也，不在祀典；且老聃法亦无所谓三元，世传其经不雅驯，缙绅先生不道也；与释氏之《圆觉》《楞严》宜若殊科，而阁历代不毁，何耶？余又语之曰：三元，非古也；天地与水则不罔。天之覆帱，舟车所至非地则水，敢谓无有分圭之者耶？凡民之愚，畏圣人之经，必不如其畏天子之律；畏名教之责，必不如其畏神明之诛，夫《大诰》何必文于典谟哉！盖道之由来亦远矣。自汉以下，虽谢太傅、王右军之贤，犹自称道民，请罪恐后，而况蚩蚩者乎？故凡可以道人为善者，虽王者不轻毁也。余又考开禧之际，韩丞相侂冑方启衅用兵，国力民力宜皆少绌，乃尚加意为之，岂《太上感应》之编，崇自高宗延于孝、光、宁四朝，犹不敢替，故民间钦承如此。抑或道君宣和之流弊，尚有存者，滋漫而不可图，遂讫江左不废，皆不可知。然要凡可以道人为善者，虽王者不轻毁也，故三灾而终建，闻者咸以为然，遂并其语记之。

附记

此碑记撰于顺治己丑年（1649），见于：《求是堂文集》卷十四，四库禁毁书丛刊，集部，第 141 册，北京出版社，1997 年，第 593－594 页。

091　榼样山三元真君庙碑

昔周厉王时三直谏官，唐宏字文明，葛雍字文广，周武字文刚，谏王不听，弃官奔吴；神策助吴，敌楚有功，锡爵辞，以客臣弗受；后复归周，其国大治，封宏孚灵侯、雍广灵侯、武峡灵侯。唐贞观时，宣应二乡旱，立坛祈祷，忽遇三神人，衣红锦袍，各长丈许，自空而下，语乡人曰：吾乃吴之神，未得所居，欲以乡之楉样山为家，当济雨泽。乡人诺曰：此万山之中随意所适，请示姓氏愿奉香火。三神曰：吾乃唐、葛、周是也。言讫忽不见。是夜大雨，枯苗复苏。乡人感德建祠于楉样半山，一夕雷电风雨，尽移木植于绝顶，遂创庙焉，今石灵峰祖庙。宋祥符元年，真宗封岱岳，遇三仙自天门下，惊问三仙，曰："臣家丽水宣慈乡，奉帝命护驾"。遂封上元道化唐真君、中元护政葛真君、下元定志周真君，同判岱岳，至今东岳地祇十太尉为部将。徽宗时，战阵间，见有三元真君旗号攻先。宣和二年，加封宣化威灵协佑真君，士民常于灵峰祈祷，应向如神，四时享祀不绝，婺、处二郡多建祠祀之。赞曰：

应变之圣，秉道之君。去周寄吴，救世拯民。周而列相，吴则客臣。自宋真宗，天门显身。帝亲询焉，方得其因。唐葛周氏，天地水神。上奉帝旨，保厥圣明。御制如赞，敕载姓名。祠封泰岱，建号三灵。

附记

此碑记见于：(光绪)《宣平县志》卷十四，中国地方志丛书，华中地方，第182号，(台北)成文出版社，1974年，第1022-1024页。此文前有按语，介绍唐、葛、周三官之传说："按《登州志》载：谏厉王不听，弃官奔吴，及厉崩、宣立，三官复归，辅导太子有功，迁秩兖州，国太治，以侯爵封之。今青、登二郡并有祠。"另外，此篇和下面两篇（092、093），都是关于唐、葛、周三官庙（即唐、葛、周三元真君庙）的碑记。

092 县令王在镐（唐、葛、周三元真君庙）碑记

（清）王在镐 撰

楹样山离县十里而近西壁，峙如堵城，左右连南北诸峦不相下，绵亘排青，拱张其翼，而此峰适居其中，巃嵷崒崔，朝昕常吐云吞雾，盖仙真栖蟠之所也。三真君臣于周，客于吴，显于唐，屡加封于宋，而宅灵于宣，生为直臣，没为泽民，护国功明德，于今为烈，远且硕矣。以故，栝、婺二郡，多为祠宇以答之。而吾宣之下桥、桃溪、曳岭与楹样且四，楹样则真君自卜爱处之山，其为都宫者，一名石灵峰。里人郑希盛成化二年募修，八年全应、戴思鲁重葺；天启年火，旋复整焉。虽屡有兴废，而真君之姘嶙，宣邑者不替，宣人之尊亲三君者亦弥新。夫天地间惟气而已，气之真毅，凝结不敝，存为圣贤，没为仙神，而上下于阴阳之感者，即与山川、人物呼吸相接，其降有时，其御有位，其关系于一方也有缘。予吏斯邑，愧不能仰承神道，而山宇俯瞰县治，厅堂井版，咫尺环抱之内。斯仪斯将，是祈是告，且同宣人，尸而祝

之，社而稷之矣。夫八风四时，不毗不厉，神之锡也；春兰秋菊，社酒腊豚，民之思也。十年一赛，村老眊童，陶陶阗阗。邑且乐真君若膝之上，而真君视邑人若膝之下。尝瞻仰山头，云气与罴上香烟，蜿蜒缥缈，两两相结，而知宣邑犹然一乡，乡犹然一混沌未破也。此神之所以凭陵于此而不厌也。邑人浼余志其土木之重新，聊为赘论若此。

附记

此碑记撰于撰者为县令时，约崇祯九年或十年（1636 或 1637），见于：（光绪）《宣平县志》卷九，中国地方志丛书，华中地方，第 182 号，（台北）成文出版社，1974 年，第 594－595 页。此碑文前有简短介绍："楹样山石灵峰三元真君庙为宣邑祖庙，最为灵显，祷雨多应。庙始于唐，继修无考，明成化天启间重修。"碑文结尾，又附有里人郑权《记》，略述三元真君的传说及三元真君庙赛神会的风俗："里人郑权《记》略云：相传厉王无道，三君屡谏不从，国人谤王，王使卫巫监访，以告则杀之。顷告三谏官谤王，遂弃官至金华，隐于九明山。此俗传也，聊识之以备考。楹样庙，乡人十年赛会，以三真君为神会主；至期，乡人舁三真君像至会坛会众神，驱兽、逐疠、迎麻。"此短记后又有关于该庙内其他建筑修缮重建的介绍："乾隆癸巳年，道士汤有德募修，前为澍乐亭，旧迹无存；庙右为观音堂，第山高基窄，梁柱易朽。道光十九年，住持僧妙缘，延城乡董事募捐重建，复建澍乐亭于庙前，如旧仪；改造观音堂于庙后。半山亭久废，今亦重建。庙貌焕然，神像更新。"

093 县令韩宗纲九龙山祷雨碑

（清）韩宗纲 撰

三元真君，尸祝宣慈，盖千百年庙貌遍城乡。舆志所载，唐、葛、周，三谏臣也。其以雨旸神，不知何自昉。土人言在九龙者为祖庙。庙有五足炉，徙之则汗出，其应雨为尤验云。康熙庚辰，为予出宰之三年，夏五月适不雨。土人曰：三元真君主之。予率同官诣祠城南，辄应。六月又不雨，土人曰：是必至楄样。如所请，凡三日雨。既而匝月肆虐，予皇然忧之，乃斋沐至九龙山，将汗所谓炉五足者。比至，则破瓦颓椽，神像半为风雨所剥落，其五足炉亦且为无名子窃去，数十年于兹矣。因别奉一炉，以归事祷焉。是岁祷于真君者三，凡三迁其地，由近之远，而神亦若酌，其缓急高下而先后以报之。卒庆有秋，维时山下，郑生某请新庙，立碑以纪，予捐俸稍加修葺，敬书其事以告来者。凡真君之显于宣慈，实无往不在，而在九龙者，感而辄应，亦不系炉之存与不存也。是为记。

附记

此碑记撰于康熙庚辰（1700），见于：（光绪）《宣平县志》卷九，中国地方志丛书，华中地方，第182号，（台北）成文出版社，1974年，第593－594页。该碑文前关有三元真君庙在本地分布的条文："唐、葛、周三元真君庙，在县南郭岩山、九明山下桥、桃溪、曳岭、楒样山俱有祠。"

094　国朝知县李铨重建紫金桥三官殿碑记略

（清）李铨　撰

自莅任雉邑，一二古迹倾颓者欲修饬之，废坠者思振兴之。凡城郭庙宇庶几一新，而桥梁尤葺治之急务。清河关之内，清河桥其始事也。向系架木成梁，余思城门水涨，冲涌汹激，当为久远巩固之计，遂令构石建之，得永赖焉。继而长安门外之吊桥，因水发而倾，民几病涉。余又念此东西要津不可漠视，亟兴工造作托宇，下者均踊跃争先焉。曾几何时而即告竣。嗣后吊桥之南，紫金桥圮坏，业经数载。其北堍有古寺三官殿，零落荒凉，虽留遗址而仅存破瓦、颓垣矣。夫桥非第为行人往来，西流东注，赖是以障之；因为三箸砥柱而竟视其积石沉湮不复更新乎？三元默佑，诚合雉之福曜，而可任其栋宇催颓不蔽风日乎？乃偕同城段聚绅士父老谋之，群然乐从，不启异议。但功程较大，愿减清俸为倡，且令劝募邑之十二区，欢欣鼓舞，各向输将以囊，此举不数月而工毕。随起殿宇，鸠工庀材，朴斲丹艧之余，修整神像。自是内外二殿以及两庑、堂构、山门俱焕然一新；且于寺前叠石为岸，亦以征规模之完固也。余于落成之后，助田数亩，为寺僧资斧，以支持禅院。虽为产无几，当又有好善乐施者，慨助胜因，不增之丰美润泽哉？因备述其略勒诸石。

附记

此碑记见于：（同治）《长兴县志》卷十五，中国地方志丛书，华中地方，第 586 号，（台北）成文出版社，1983 年，第 1280 – 1281 页。

095　知县王明道（三官殿）记

（清）王明道　撰

夫常山为金陵过峡，万峰罗列，而邑治居其中，其左支逶迤而护县治之青龙者，则屏山也。山之隙颇堪容膝，邑之好事者因就地建庙，塑三官帝像，命羽流居之，俗称三官殿，由来久矣神庙。时吾乡唐君讳之屏者，来莅兹土，政清治简，簿书之暇，辄览胜焉，见夫双溪飞浪，百雉连云，雨峰拥翠，一派松声，遂觉移人情致，不禁泠然善也。因捐资重修，并构精舍数间，以禅僧月心居之。一日僧请曰：黄冠缁流，派既各别，名苟不称，毋乃鹊巢鸠居乎？唐君曰：善向固忆之，然予之为此者，非以佞佛，乃以佐治也。正踌躇间，而前山紫气郁葱缭绕，唐君异之。僧对曰：此贤良佳气也。唐君喜曰：得之矣！即以名庵不亦善乎？贤良庵之颜由此始。无何，唐君去而庵几草积矣。月心、晓悟之徒，若愚光、自智、法心、纯初诸上人，募赀鸠工，重兴前殿，然后殿由旧也。适予自句曲来宰斯土，化舟上人欲谋兴是举，续乃师自智之未备，以予甫下车莅治未久，兼常民兵燹之余，谋生不暇，安能及此乎？即予戴星焦劳，亦仅抚牧残黎，既凛四知之异，复罕一钱之奉，又焉能作无米炊，以轮奂胜树哉？戊戌冬杪，化舟誓成先志，且欲予继唐使君之业，予虽不能独膺斯任，敢不为好事者倡？乃捐俸首其事，而庵之中殿、后殿悉焕然改观矣。将见暮鼓晨钟，唤醒一城愚梦，经声梵语顿超斯世沉沦，不有如唐使君之所云，默匡吏治也哉！若夫扩而充之，是又所望于后之踵事者。

附记

此碑记顺治戊戌（1658 年），见于：（光绪）《常山县志》卷十八，中国地方志丛书，华中地方，第 209 号，（台北）成文出版社，1975 年。此记前有此三官殿沿革的简介："贤良庵，在城东北隅，原名三官殿，明万历丙申僧如林、成智募修，崇祯壬午僧性法募建前殿，国朝顺治戊戌僧海进募建中殿后阁，康熙壬辰僧寂庆、昭亮重修。"

096　骆家庄三官堂复建碑记

三官堂始建于清乾隆年间，历经二百多年风雨和沧桑，是骆家庄、浦家桥、三坝及周边乡民进行佛事活动之地。三官者，天官、地官、水官也。天官居三官之首，封紫微帝君，诞辰农历正月十五；地官封青灵帝君，诞辰农历七月十五；水官旸谷帝君，诞辰农历十月十五。三官来历，有周幽王谏臣三人死后成神之说，有元始天尊吐气成尧舜禹为神之说，有龙王三女各得贵子成神之说。因与百姓祸福荣辱相关，自古在华夏广泛崇奉。民国年间，庙宇颓废，乡绅郑明正、陈逸仙慷然相助，修复庙宇，并有僧人住持。五十年代，三官堂拆除为废墟；改革开放后，乡人自筹资金，重建三官堂。一九九三年，扩建之八百平方米，届时古树蔽日，香火旺盛。二〇〇八年，因市政府实施余杭塘整治改造工程，三官堂被临时搬迁，在政府和相关职能部门的大力支持下，复建三官堂，于该年十二月落成，成为余杭塘历史文化节点。看今朝，三官堂宽畅明亮，竹树夹岸，一派水乡湿地佳境，百姓齐祝：风调雨顺，国泰民安，社稷安昌，子孙永福，刻之坚石，永昌百年。

杭州市西湖区骆家庄、浦家桥、三坝
公元二〇〇九年元月立

附记

此碑记撰于 2009 年，为笔者 2019 年在杭州市西湖区进行田野调查时所发现。

江西

097　安福州北真观三元阁记

（元）刘将孙　撰

宇宙之大，可一言而尽者，天、地、水而已。日月星宿，风云雷雨，无非天也；四岳三涂，嵩高太室，无非地也；江河淮济，九湖八海，无非水也。夫固有司之者，而况其凡乎？秩群祀而观于正大，若三元者，可以建而不悖矣。自开辟来，与生俱生，岂比于援而神之云云，号而人之某某，若鸿蒙溟涬云尔哉！虽太微玉清，郁罗蔚蓝，道言之所以妙，而未有若取之俯仰而已足也。呜呼，曷其奈何不敬！古安成郡南道宫之有名者称北真，若昔海陵徐神公之所尝游。青山前屏，江水面带；平畴古岸，乔木宿云。入门左折，浮动翚飞，旁挟钟楼，对映道藏者，三元阁也。阁起大德戊戌，前瑞州路道判月山欧阳至真实倡成之。至真掌教数城，兼领名山，萧然如初；得铢积寸，还奉昭事，首建是阁；言便祷祈，见闻欢赞。岹峣虚明，平步树杪；低昂献状，金翠丽晖；象服炜煌，旌幡婀娜；旋虫夹县，浮空动碧；香风绕檐，神具燕喜。里善士王鼎孙施其财，像饰展具，沛然成之。至真又连阁为楼七间，栋宇方由是一新。永惟斯役巨矣，然观兴百七十年，仅绍兴澹庵胡忠简公一碑。日余过之，宿阁下去，遂得闻创建本末次第，许之记。而王相霖以斯文碑具，谨待刻。余寤寐北真久矣，往有朱道士善告斗，如斗与言；今又与欧阳游，清真简素，宜北真之方兴也。仙好栖居，天人感遇，往来一气。傥所谓神仙者如徐之不死，清风明月，其精神浮动，依乘回合，必当在是间，而况三元之不远人哉！群黎日用，覆载生息而不知悟，故皇皇临之为近，兹固教之不容以已也。夫余受言记最，惟赞叹之不足，复长言之。月山，本儒家子，今为崇正冲妙灵远法师，领洞虚提点事。是观开山与神公游者为欧阳日珣；今再兴，复欧阳，信不偶哉！其词曰：

北真左阁飞岩岩，千山两嶂高青巉。

清江一环平纵衔，烟树荟蔚松桂杉。

晴波平畴微风含，庆霄云低空明涵。

太虚圆镜水月鉴，宝晖夜腾仙藏函。

真游联翩降尘凡，俯视高敞神惠监。

钟清鼓肃龙回髯，地灵山君杂沓儳。

海陵仙裾和飔帆，三府启事臣奏缄。

皇灵剡剡宸聪諴，林端缥缈旗游毵。

屏除庚甲质矫诶，尊气肃穆氛厉芟。

屡丰颖同岐分崭，梵行道景风飒飒。

阴阳无沴星无欃，多男寿富周遍咸。

附记

此碑记撰于大德戊戌（1298），见于：《养吾斋集》卷十七，影印文渊阁四库全书，第1199册，（台湾）商务印书馆，1983年，第160-161页。又见于：《元代别集丛刊·刘将孙集》，吉林文史出版社，2009 年，第 146 - 147 页。刘将孙（1261？—1320），字尚友，江西庐陵人，宋末著名词人刘辰翁子，入元曾任延平（今福建南平）教官、临汀书院山长。

098　西城三官殿记

（明）袁继咸　撰

圣人以神道设教而天下治矣，军旅之事受命于庙，受赈于社，牺牲玉帛必虔。祝史陈辞：可以一战乎？或曰：未也。民，神之主也。告民力之普存者，先成民而后致于神。故其道有神之听之，而无听于神。以为听于神，必据荒忽，而邀不可知之福。据荒忽而邀不可知之福，必弃百姓，而隳当成之业。为民之心，力无所不殚，而冥感元通惝恍若遇焉。匪必其果有神，即其果有神，而予以为非神也，为民之诚之至也。太守西安解公镇抚袁山，盖亦有年，民大和会，神罔时恫。丁丑仲冬，越寇阑入，以为公忧。公闻之，投袂而起，剑及窒皇，车及于市，而寇即啮指宵遁，谓非威神之所慑欤？公因以是称畚筑、增城隍、谨训练、画郊圻、多储偫，象物而动，浃旬而具，官修其方，民忘其劳。郡西门外旧有三官阁，贼行火矣，公移而更新之，兼奉大士而妥之，而民益黾勉从事。公曰：畴昔之夜，神实见梦于予。夫梦因也，想也。且三官之名，不载于祀典；大士之祝不领于祠官。脱果有知，岂不能于周庐既烬之余，岿然独存？脱其志果在禋祀，岂不能出光怪惊动祸福以邀百姓，而乃徒向公乞灵耶？神所凭依，将在德矣。公闵皇之忧，如达于面，而劼毖之效，已形于手；为民之诚之至，不以大小险夷间也。其彻人天而感冥漠，宜也。今者堂户相交，本末不挠，民曰幸矣，神之格思，其有据乎？则又或致望曰：享祀丰洁，何以报我？永为兹土，御灾捍患乎？世无不更张之治法，而有能不携贰之精爽。尝循览往事，城郭抑已彝，井木抑已湮；崇功报德之祠，亦且散为寒烟，荡为冷风，而中独有耿耿长存者，为民之诚之至，不可掩而不可射。如此，夫予既钦公之为神依，而更歆神之知所依也。虽曰有神焉，可也。是为记。

附记

此碑记撰于崇祯丁丑（1637），见于：（康熙）《袁州府志》卷十七，中国地方志集成：善本方志辑，第二编，第 14 册，凤凰出版社，2014 年，第 419－420 页；又见于：（民国）《宜春县志》卷二十一，中国地方志集成·江西府县志辑，第 34 册，上海书店出版社，1998 年。撰者袁继咸（1593—1646），时任督抚都御史，字季通，号临侯，江西宜春人，明末大臣，因拒绝降清，以身殉国。

099　重建三官殿序

（清）王廷宪　撰

邑之南隔盈盈一水者曰中州，州之中有刹曰三元。龙有首尾腹，刹据其首，积气蜒蜿，佳气郁葱。幼时父老为予言：神之灵，语后事如响，祠非望必获遐迩。沐浴焚香、肃履而朝者，肩相摩而趾相错；近时颇寂，如富贵场中忽作林下风味，更自大雅宜人。余谓神之灵正在此。夫使人日走于道，扶老携幼，喘息不定，维士与女，杂沓无分，当必戚神恶神；祸福一说，将使为善者劝，为恶者惧，如可麾而去，可招之来，何腰之铁不折，膝之金不屈也？且神之祸福人，正在不可知之际。发其思存，如雷霆告人以必击，凤麟告人以必仪，则获露之极，不足以威祥人国。予故不以冷热判神之灵否也。余所以灵神者，一境之内庐舍侠然，井疆犁然；鸣鸡吠犬，烟火之庆驿然；烹羊酌醴，岁时之欢饫然；家给人足，仁孝之粟因因然；家弦户诵，诗书之泽蔚蔚然；至秋风甫动，春浪先濯，将见冠盖之阴垂垂然，氏族之封鼎鼎然。以此灵神，神曰灵矣。第在河之湄，神几不获聚，庐托处以神之灵我者，一奉神之灵为进数武，新其故居。倪文正有云：抖纸角之余星，削厨头之片糁，而有金矣。住持无因以斯言请。僧言也乎，神告之也？以此灵神，贤于焚香肃履、屈膝折腰者倍万矣，神亦将倍万报矣。记先祖继冈公奉神唯谨，神降一卷袅袅从罗天而下，飞经之祥，至今在人耳目，矧馆之垣之者乎？世人喜咨，此则公案，请与同参也。

附记

此碑记撰于明末清初，见于：（同治）《安义县志》卷十四，中国地方志丛书，华中地方，第 260 号，（台北）成文出版社，

1975 年，第 1349－1351 页。王廷宪，字斌为，南康府安义人，明末举人，入清，曾知江南歙县。

100　募修三官堂小引

（清）李继圣　撰

南滇八景皆发秀于东梁陂池，盖其截汇诸泉，品汇葱郁：春柳可玩，夏莲可采，皓魄凝碧于澄潭，渔歌振响于雪夜。四时佳况，恣人游赏，固万邑之虎阜、西湖也。崖东，星月二山，偎抱如合璧；崖西，系李姓捐基，故为火神庙，说者谓荧惑，不宜居巽位，因易南滇庵，前祀三官金身，一名三官堂。正殿二重，乃康熙三十五年住持僧奎一募众鼎建。其左观音堂，则奎一传徒天根重修；而檀施彭椿华为之完葺。由来定静，不关三戒，矜严入即空明，咸登六通，正觉跌坐，片时收揽群胜，讵云翱翔仙境，要已解脱俗尘。顾物以用多而蠹，地以迹众成蹊。兹刹为通邑名区，且附县治南隅，不独云侣纷纷卓锡，而游客于时盘桓。英少于时肄业，以至品官莅任、解组，莫不即是为斋宿休闲之地。日残月毁，而墙壁有不就于罅裂，甍楹有不即于颓敝者耶。人情乐居成而难创始，奢虚愿而惮实施。居恒赏识契结，相依相恋，真若性命与俱、寝食难离者，一旦坎坷零落，呼以维持，率惘惘然，摇手莫应；而况佳山丽水，仅为游涉之攸资已哉！而情深谊古者，则固

150

不然也。今衲子瑛然，目击此庵陵替，不忍胜地忽为丘墟，矢心募化，务使旧迹复完。或亦斯地山水之灵，凭借而鼓舞之耶？余惟近城梵宇，惟此天然幽雅，而邑中又多情深谊古之士，谅不至摇手莫应，旷日而无成也。爰濡毫以为之引。

附记

此小引撰于康熙二十五年（1696）后，见于：（同治）《万年县志》卷十二，中国地方志丛书，华中地方，第 258 号，（台北）成文出版社，1975 年，第 1997 – 2000 页。

101　妙济观募缘疏

（清）　熊文举　撰

会城惠民门外，蓼洲有妙济观，为许旌阳祖师炼丹之地；咫尺黄牛洲，真君斩蛟遗迹可考也。观以兵燹之后倾圮，羽士刘道显募缘修葺，焕然一新。观无山门，不佞为劝缘创建，而羽士犹以后有三元阁未修，谆谆求予叙缘起，募于十方及本洲宰官居士，喜舍乐施，续成胜事。余再四却之，谓蓼洲一哄之市，僧道铃铎之声，早暮相闻，未见有慷慨而应者，非悭吝也，盖民穷财尽，大势使然。而羽士以为，此系本洲香火，为善信之所皈依；况钟鼓皇皇，日呼尘梦而使之觉，即有喜助乐施者，丝粟锱铢，悉可查核，不比远方丛林道院，耗费无稽；至于福报，现前昭昭，不爽年来；洲渚之民，熙熙如在春台之上，神之听之，何可谖也？则三元阁之修葺，信未可以已也。会予应召，遄行匆匆，书此以示羽士王道诜、刘道显，愿诸有情，无忘神贶，不日成之，其有望乎。

附记

此疏撰于明末清初，见于：《侣鸥阁近集》卷二，四库禁毁书丛刊，集部，第120册，四库禁毁书丛刊编纂委员会，北京出版社，1997年，第114页。熊文举（1595—1668），字公远，号雪堂，南昌新建人，明末入仕，后又入清为官。

福建

102 （漳浦县雨霁顶）三官大帝庙碑记

三官大帝传说是天官、地官、水官（天官赐福、地官赦罪、水官解厄），是开天辟地的始祖，是道教中地位最高的天神，历代为世人所信仰。明朝宣德年间（1426—1435）开居于雨霁顶山龙脉上的覆鼎金。坐龙压龙，真龙正脉，地理极好。后人就在此用石砌神坛（现拜亭小庙）供人朝拜，至今已有五百七十多年。历史悠久，源远流长。庙区内建有庙宇、拜亭、凉亭、戏台、票房、管理楼房、公厕等，建筑面积达 500 多平方米，围墙内总面积 60 亩。庙区保存有明清年代石碑八块、石桌一方。这些宝贵的历史文物体现了该庙的历史渊源。

自古至今，每逢寅、申、亥、巳年的正月底，由王、蓝二姓（西边、大厝后、壁行、新庙、横口大社、店街、新村、田中央、彭林、山坪、大垵尾、西埔圩、大路边、莲塘、内红、山尾顶、吴山、红瓦前、后营等自然村）共同主办大型庙会。王氏做醮，蓝氏演戏。还有舞龙、舞狮、大车鼓、踏跷、抬辇艺等游行活动，人山人海，热闹非凡。每年正月，从厦门、漳州、龙岩、龙海、南靖、平和、漳浦及旅居海外的印尼、泰国、新加坡、菲律宾和（中国）港、澳、台同胞纷纷回乡挂香朝圣，每年朝圣者近数万人次。所以，世代香烟鼎盛，香客云集，享誉海内外。

改革开放以来，在各级政府的重视下，于 2000 年 8 月批准我庙为文物保护单位和旅游景点。并对我庙的保护范围进行全面规划，合理布局，使庙宇得到切实的保护和发展。为加强庙区管理，由王、蓝两姓组成的理事会和文物保护领导小组，进一步增强对庙宇的领导，使之管理制度日臻完善，从而充分体现了汉、畲民族团结的良好局面。

随着形势发展的要求，原来建的三间平房的庙宇已经不能适应形势的需要。为了弘扬中华民族的优秀历史文化，开发朝圣旅游资源，重修名胜古迹，势在必然。为此，春建、康庄、山坪三村领导及理事会决定：自筹和捐资 40 多万元，重建庙宇。于辛巳年二月动土，同年十一月竣工。使之庙貌重焕光彩，并向世人充分展现中华民族古建筑的艺术风貌。

为上承祖先夙愿，下启子孙后代，特立此碑，永为纪念。

公元二〇〇一年，辛巳岁立。

附记

此篇撰于 2001 年，第 103 篇撰于 2009 年，第 104 篇撰于 2014 年，皆是笔者于 2019 年在福建漳州、泉州进行田野调查搜集所得。

103 （漳浦县赤土乡埔阳村炉飞岭）
三官大帝祖庙沿革

三官大帝祖庙及九落庵始建于宋朝年间，坐落于漳浦县赤土乡埔阳村炉飞岭上，占地面积约一百亩，由"三官大帝祖庙""九落庵""陈圣王庙""无极老母殿"由上而下组成一个庞大的七进深大道观。三官大帝祖庙威震领顶，一贯而下九落一气，则是九落庵，庵内供奉无极老母殿、佛祖庙，每日早晚香烟缭绕，钟声不断。由于年代更替的历史缘由，"九落庵"只存"三官大帝祖庙"，其他样止尚存。庙里供奉主神属三官大帝，上元一品天官赐福紫微帝君（正月十五日圣诞）；中元二品地官赦罪青灵帝君（七月十五日圣诞）；下元三品水官解厄阳谷帝君（十月十五日圣诞）。四时八节善男信女，来此参拜，络绎不绝。三官大帝祖庙于明朝年间香炉一夜飞往今赤岭乡雨雾顶，炉飞社因此而得名。今朝朝拜三官大帝祖庙是一九八七年当地村民集资重修建。九落庵迄今已千年历史，是漳浦的一大古迹之一，于公元二〇〇九年由台胞唐忠义带领董事会人员，因此再重新修建，对于发掘传统文化、发扬民俗文化、开发旅游经济具有重要而长远意义和价值。这里四季如春，气候宜人，山清水秀。九落庵环山面水，双狮象把水口，聚山水之灵气，结庵庙之精华，体现了先人的巧妙想法和智慧。

104 （泉州安溪县湖头镇）惠泽庙重建碑记

惠泽庙，取恩泽众生之意也。历今已三迁，原址在溪后渡书房边，坐甲庚兼寅申；因建医院，迁于溪后顶渡口双溪口南侧，坐甲庚兼寅申；今因新城环湖路建设，拆迁易址重建，炉下弟子同商共议，迁于南侧之万金埕，改向庚申兼酉卯，占地总面积 1360 平方米，主体建筑面积 360 平方米，附属建筑面积 450 平方米。

惠泽庙供奉三官大帝，三官者，"宋末三杰"也，史传宋末文天祥、陆秀夫、张世杰三公，受命于危难之际，救国于倾覆之间，独力虽无法回天，正气却浩然长存。清康熙二十七年（1688），三杰之灵在危难之时护送明相李光地安然抵京，忠烈之心为圣祖所感，敕封为"三官大帝"，御书匾额，灿然至今。

今址坐落于蓝溪之滨，春览江水浩荡，夏赏东甲吐霞，秋品侯山雾锁，冬倚阆山雪意。庙内柱联，妙笔游龙，乃由溪头渡李计划先生邀请中国美术市场报社总编辑、军旅书法家、收藏家李桂强先生亲笔誊写。届时大桥横跨东西，车流不息，昼夜长明，信众游客，朝夕拜奉，气象万千，足焕英烈忠魂；国运昌盛，堪慰名臣夙愿。

重建功成，勒石为记！苍天有极，正气磅礴，我辈承泽，立志汗青，乃不负神明之恩欤！

惠泽庙重建委员会
公元二〇一四年十二月岁次甲午葭月立

四、华中

河南

105　建立天地水三官庙记

（元）张璲书　撰

宁城北偏太行之阳，距城三十里曰梁家庄，有天地水三官之庙，即里人近年之所建也。兵兴以来，经红巾抄掠过处，人民房屋、诸神庙宇烧毁殆尽。惟此庙貌仅存，栋宇榱题，丹垩耀日，一如故旧。一日里人王成等与予而言曰：是邦人民，遭兵革之难，值红寇之毒，杀伤饿莩，流转他乡，不数年间，阖境尽废所遗者，百无一二。迨夫大河南北复平，居民幸还旧业。回视曩时，家废户绝者不可胜数。至于闾里，不存一姓者有之，院宇悉毁者有之。吾之庄里，托神明之灵，赖祖宗之德，所存者尚十余姓。窃意本里天地水三官之神，建庙以来，几二十年矣。昔之乡者洁诚致祭，有祷辄应。今则蒙其福者，岂非明神之佑乎？成等集众共议，同心竭诚，将欲春祈秋赛，馨香达于四时，以答神休之万一，不亦可乎？于是召工琢玉，以志其事，并里人之姓名。子盍为我记之？俾刻诸石，用传不朽，以示将来。予乃应之曰：积善之家，必有余庆；积不善之家，必有余殃。如子之言，虽云神之应人之佑护，良由己之积善之所致。且夫天地水三官之神者，虽祀典之不载，亦传记之所存，必欲求其源，则妄矣。今亦不敢深为之辨，但祭法有云：有功于民则祀之，能御大患则祀之。是神也，四方通祀。况兹庙貌，完然一新。苟能斋沐而祭之，亦克诚克敬之一端也。向使善心不存，长恶日著，非予之所敢知也。汝欲为求之记，予不学无术不足以饰其文，姑直书以志其事，且表里人好善之诚心也。时岁舍旃蒙大荒落实有元至正乙巳年也。予寓居里南别墅，义难辞于耆众之求，因忘其鄙陋，故为之记。至正二十五年二月下旬日立石。

附记

此碑文撰于元至正二十五年（1365），见于：（民国）《修武县志》卷十三，金石，中国地方志丛书，华北地方，第487号，（台北）成文出版社，1976年，第979－980页。此文题名下原有"正书，在方下庄，长平东鄙儒人张璲书撰"说明碑文刊刻的字体、该庙的具体位置，以及撰者的籍贯。另外，碑文末还附有后人按语，以解释碑中"红巾"含义及其社会背景："案：毕沅《续资治通鉴》：元至元十一年，颍州妖人刘福通作乱，以红巾为号，谓之'红军'；每陷一城，以人为粮食；既尽，复陷他处。故其所过，赤地千里；十六年，遣将分略河南、山东、河北；十八年，入汴梁，据以为都。河南行省平章政事周全，据怀庆路以叛附于刘福通，尽驱怀庆民渡河入汴梁，碑所云'红巾'，此其证也。"

106　汝州新造三官庙记

（明）归有光　撰

汝水自天息山东流，入汝南之境，自城北折而东，复繇东而南。滨河居者曰竹竿巷，盖因竹竿河而为名，实商贾之所凑。异时水泛溢，岸善崩，一旦居民街市尽没于水，往来者无所取道。崇府承奉樊君，捐赀市民地与屋，缩之若干步，以让行者之途。自是复通行，而居民街市繁会如故，乃创三官庙以镇之。中为神殿，左右两廊，右转而东，为神库，为神厨；又为屋数楹，使学道者居之。殿甚巨丽，三神像及诸侍从，庄严靓饰，俨然帝者之尊。重门周垣，以临水上，汝人皈依焉。经始于隆庆元年之秋，落成于三年之夏。君以奉使，再过邢州，以予为其郡人，又故相知，请为之记。予以河水坏民庐舍，至没其通行之道，此有司之所当轸念。今有司既屈于其力之所不能，而又以烦民之为难。君乃肯捐己赀，以佐国家有司之急，而拯民之溺，其亦可谓贤矣。按三官者，出于道家，其说以天、地、水府为三元，能为人赐福、赦罪、解厄，皆以帝君尊称焉。或又以为始皆生人，而兄弟同产，如汉茅盈之类。其说诡异，盖不可晓。然人之所奉，则其神必灵。如史载秦所祠祀多不经，亦有光景动人民，故能致其昭格。虽古圣人建天地山川之祀，皆兴于人意，不过如此。今特以出于道家，故儒者莫能知其说。抑君之为是，其造福于此方之民，盖不少也。君名准，字某，郾城人，读书为文，好贤礼士，又能约束王国中诸校莫敢犯法者，汝南士大夫乐与之游云。

附记

此庙建于隆庆三年（1569）之夏，因而此碑记撰于此后不久。见于：周本淳校点，《震川先生集》（上册），上海古籍出版社，2007 年，卷十五，第 401－403 页。另外，此文题目旁原附有一小字"代"，似代别人撰写。

107 龙泉店重修三官庙碑记

（明）吴阿衡 撰

　　州治之东北四十里曰龙泉店，盖汉世祖屯兵故地也。店侧有古城遗址，今一丘阜，岿然独存，堪舆家以为北□，为是镇之印星。镇之民人殷富，士风不振则□□□以关锁气脉，匪细故也。国初，里人郭其□建三官庙，其灵爽肹蠁，厥应如响。岁时伏腊，为里中所奔走，而供奉者有年矣。第规制湫隘，迄今未有能恢大而更新之者。历年兹多，剥啄于鸟鼠，摧败于风雨，殿宇倾圮，缭垣颓欹，甚非所以妥神威而崇祀典也。店之民陈氏讳守库者，夙具善根，欲事重修，而艰于资之无从出，毅然以其事为己任，首倡劝募，一时远迩善人、君子争输恐后。有施糗糒者，有施埏埴者，有施梓材者，不假催索之力，而辇致者翕然焉。资料既赡，卜吉即工，然后辇山而石，斸地而陶，煅珉而垩，五材咸饰，不期月而厥工告成。殿庑巍岩，庖湢夹室，门墉阶墀，辉煌巩固，较畴昔之规模迥不同矣。盖居然一栖神之所也。先是州屡罹大祲，连岁比不登，兼以加派军需，即钱谷犹然逋负，不及卒辨。及闻重修庙貌而输财者，咸络绎不绝，益信下民迁善去恶，不能得之于政刑，而得之于神功之鼓舞。始知陶治世□□□之外愿有□伤也□□□□□□□□□事往祷，见耆□□碑欲动员□

以□□□□代□□库来以记请是举也。肇工于天启甲子八月，落成于天启丙寅十二月。主其事者陈善人守库，怂恿而□者，郭生台卿之乔梓也。功德主法当附别碑，是为记。

附记

此文撰于天启丙寅（1626）十二月，见于：（乾隆）《裕州志》卷六，中国地方志丛书，华北地方，第482号，（台北）成文出版社，1976年，第422－425页。原标题下有：吴阿衡，郡人。另外，此条碑记与下一条碑记（第108篇）前后相承。

108 三官庙碑记

（明）吴生晋 撰

龙泉店之三官庙既告厥成矣，有客问余曰：三官三神灵应不爽，信能为下民赐福、解厄、赦罪耶？余应之曰：不然。尝考唐之季世有陈氏伯、仲、季同出一母，修持正果，立跻圣神，爵加帝号，总摄三界，其于一切福善祸淫之柄，神皆得以主之；至于威命灵爽，能驱日月而驾雷霆，裂山陵而溢川渎，感应显迹，载在往牒，不可殚述。世人不解神之功用，遂以为赐福、解厄、赦罪。夫天官之赐福，是已至于解厄、赦罪之说，谓神明有赫，报应无私，下民默懔于灵爽之中；钦钦翼翼，□效轶越于理法之外；洗涤邪慝，自然无厄之可解，□□□可赦；澹然穆然，同归于福泽太和之天。司□必曰：人作不善，天道降殃。三官之神，能呵护而生□之，出之阿鼻之中，跻之衽席之上，如是则世之为恶者，恃解赦之神在，则纵恣跳梁，是神也反为世人造恶之主，有是理哉？大抵神人一理，幽明相通，能事人者方能事乎神。若慢人而作不善，欲敬神以冀勉罪愆，则亦惑之甚者也。况圣人以神道设教，积善者报以余庆，积不善者报以余殃，如影随形，理之自然，尤足怪者。今信俗之民，恃神之能解能赦，遂肆然无忌，是以解赦误天下也。里中岁时奔走，是目中之神也；渊然雷声，慎惧暗室，是心中之神也。能如是则，而官之神穆穆肃肃，淡漠无为，与人相浑忘焉，神之愿也。欲事神者，其三复于斯。是为记。

附记

此碑记见于：（乾隆）《裕州志》卷六，中国地方志丛书，华北地方，第482号，（台北）成文出版社，1976年，第425 - 428页。吴生晋，郡人。

109　（三官庙）古柏记

（清）毛登云　撰

怀之胜，莫大于清风岭，发迹温孟，沿河蜿蜒而来，经武陟司马、任家诸冈，忽断忽续，至方陵东，逾少水直抵黄鼠村之西偏而止。其止处高起爽垲，上有三官庙。庙东北隅有柏一株，身高七尺，围丈余，腹空，南向无枝条；西北老干，夭矫不群，髯髴虬龙，高耸似角，盘结有眼，云际一望，鳞爪峥嵘欲露。相传明洪武前久无枝叶，经严霜烈日不倾颓，村人呼为"乾柏"。岭头枝叶，顺而东下，若江汉之朝海；环而北向，若箕毕之拱辰。扁者、圆者、茨者、蕊者，奇形异状，咫尺间诸般悉具，并西北乾柏为五种柏云。臃肿拳曲，轮囷离奇，恍游羲皇以上，迥非人间凡卉。是盖清风岭清淑之气，蜿蟺扶舆，磅礴郁积，钟美于是，不限于遐荒也。或曰唐贞观中有庙，庙圮树生，乡人祀为神树，逢寒食节，远近男女云集祈祷，事近怪诞，不敢轻信也，但记兹树之古尔。

附记

此碑记见于：(道光)《武陟县志》卷十九，中国地方志丛书，华北地方，第481号，(台北) 成文出版社，1976年，第778－779页；又见于：武陟县档案史志局编，《武陟县志》(道光九年，点校本)，2014年，第386－387页。此碑文前有引句："三官庙，一在黄鼠村，中有古柏；一在耿村，一在木栾店；一在张阿庄。"黄鼠村古柏，即为本篇描写对象；木栾店三官庙，即第110篇所述；张阿庄三官庙，即第111篇所述。

110　重修三官庙记

(明) 何瑭　撰

武陟之木栾店东南巷口，旧有三官庙一所，盖元时之所建也。国朝永乐初年，庙貌倾圮，遗址尚存。正德改元，上元之夜，市人毛雄、张瑄、郭泪共议修复。时地主李豸在焉，慨然欲舍此地，众以为不可，乃输半价易之。其东西十一丈，南北九丈。既定修庙之事，乃推道士郜某、居民曲洪、王聪董之。材木、瓦石、工匠之费，则居人各以其所有助焉。乃起立正殿四楹，中塑三官像；东大王殿四楹，西子孙殿四楹，道院房数楹，钟楼二楹，约费银三十两。庙成余二十年矣。鳌山卫教授王先生世居木栾，盖预闻修庙之事者也。嘉靖十年春，有事府城，间语予以修庙曲折，因请为记。先生，余厚友也，故不可辞，乃语之曰：修庙曲折，居人所知，虽不记亦可也；至于三官之神，诬于世俗怪诞之说，则虽世人奉三官之祠者，或未知也，请一论之，以祛其惑，可乎？三官之名，古不经见，始见于汉《张鲁传》中。鲁以三官教行于蜀之鸡鸣山，凡人有所祈祷，则书其事状为三：一焚于山上，谓达于天官；一瘗于山下，谓达于地官；一沉于水中，谓达于水官。其祀之日，则以正月之望为上元节而祀天官，七月之望为中元节而祀地官，十月之望为下元节而祀水官。窃原其事，盖天阳也，正月阳始用事，故祀天官；地阴也，七月阴始用事，故祀地官；水旺于冬季，故十月孟冬而祀水官。盖犹古者冬至阳生而祀天，夏至阴生而祀地，与夫大川海渎之祀也。张鲁乃道陵之后，道陵出于道家，而道家以老子为宗；老子尝为周柱下史，习于古礼，三官之名或古礼有所传而后世失其真耳。不知何世妄人，乃撰为三官经典，谓陈氏子娶龙女生三子，俱有神道，一为天官，一为地官，一为水官，可谓怪诞之甚矣！夫人之所以祀天官者，谓其分我以神且覆我也；所以祀地官者，谓其分我以形且载我也；所以祀水官者，谓其分我以血脉且出云而生百物以养我也。报本反始，皆礼之正也。若世俗之说怪诞不经，则三官之祀，遂为淫祀矣，岂礼也哉？然礼天子、祀天地，虽诸侯不敢僭焉，小民而祀天地可乎？曰：是或一道也。小民而飨帝王于家，固无此礼。然天子行在，庶民或献瓜果焉。君子不罪其渎而取其诚，盖礼之变也。小民而祀天地，盖亦类此。况先王制礼，尊天而亲地，故社之事，小民亦得行焉。社固地神也，然则乡民之祀三官，则亦庶乎其可也。大王未详为何神，子孙盖亦为古郊禖之祀也，以其非庙祀之主，故略之。

附记

此碑记撰于嘉靖十年（1531），见于：（道光）《武陟县志》卷十九，中国地方志丛书，华北地方，第481号，第779－781页；又见于：武陟县档案史志局编，《武陟县志》（道光九年，点校本），2014年，第386－387页。何瑭（1474—1543），字粹夫，号柏斋，河南武陟县人，官至南京右都御史。

111　重修三官庙记

（明）萧守身　撰

去武陟治三十里许，宁郭之东隅，村曰张阿庄，其俗尚谊轻赀，祇神驯法，向善而往，俞俞乎盖成风焉。村之乾位，旧有三官祠一所，居民有瘟必祷，又辄应若响，缘是益崇信之，四方达者每岁以香火至，因募得羽士司全寿者，俾持其事。全寿即墨翟者流，颇敏慧解道理，耿介淡泊自持，焦情瘁力，至于日不暇食，夜而忘寝，历四十余年行益苦，积羡则置其地之邻于庙者垣之，且树之柏百本，日修灌成林，远望之规模，渐以恢焉。第其庙貌稍陋，若不足以栖其神者，全寿乃谋诸乡耆，创建大殿四楹，金塑神像若干，及东西庑，及清幽洞，及诸道室。经始于嘉靖四十年岁之辛酉，洎万历二十六年岁之戊戌，遂告成焉。有瞻其庙者：壮哉！煌煌乎谁之勤施也？若此而不为之记，何以示将来？于是征不榖为之记。不榖窃惟鬼神幻焉，生平不敢率意道顾，祈报之典，自昔有之，则洁其庙而丰之祀，亦乡里之人所不欲阙者。兹庙之遄于成也，宜也；但人之事神非徼焉，以求福之谓也；非探本于奥窔，无根之谓也；非诵经持戒兀然，以自槁之谓也。祸福之来，惟善淫招之。其为人也祥，即不事焚修而神勿崇之矣？其为人也不祥，即日以鼎醴供，神将吐之，何庆之与有？故渎神以自侮，罪也；冀其神之我助而谄之，亦罪也。虽然鬼幻矣，靡可显睹，而家之严君，其尊严，神也；其情谊，亦神也；其动静饮食可显而观也。舍此不事而求事乎窈冥，不可即之，神亦不思尔矣。此乡俗之通患，不榖厌薄之，而深欲人之先事人而后事神也。而要之惟此一心耳，心诚纯洁，一于正而不染于邪，则仁人孝子之衷，宁复有人非鬼责之虑哉！亦奚待崇建神宇而后迪吉也？顾有为而建庙，非也；庙不建而神于何栖乎？故又知非纯然积行之辈不能有此建也。呜呼！睹庙貌而兴善念，其为世俗劝，岂小补哉！是为记。

附记

此文撰于万历二十六年（1598），见于：（道光）《武陟县志》卷十九，中国地方志丛书，华北地方，第481号，（台北）成文出版社，1976年，第781－782页；又见于：武陟县档案史志局编，《武陟县志》（道光九年，点校本），2014年，第388－389页。萧守身，字尚叔，河内人，少师何瑭，嘉靖四十一年（1562）进士。

112 新建福善寺记

（清）吴乔龄 撰

福善寺曷为建也，奉三官神兼祀刘猛将军也。三官故有庙，其重建者何？制小而久倾也。稽神之名号，未载祀典，而灵应丕著，所在祠而祀之。国朝康熙初，赵君国凤来宰邑，未抵任前数日，遇三秀士，同宿邮亭，谈甚伟，询其籍，曰："获嘉。"询其舍，曰："城东。"三人者，盖昆仲而同居者也。比赵抵任，从容问诸土人，佥曰："无有"。赵心疑之。暇日过城东，见有小三官庙圮甚，恍然悟前旅次所见，曰："神殆诏余以新庙乎？"即日缮葺之。乔龄载其事于邑乘中。神之示灵，此固其一端已。

庙既奉三官，曷为兼祀刘猛将军也？酬神贶且从民望也。将军之事迹，载籍无考。或曰名琪，汉时人；或曰名锐，宋南渡名将刘锜弟。其说各殊，而总以善治蝗著。我朝世宗宪皇帝特敕直省州县，建庙祀神，有司惮于营建，或多因循未果云。乾隆壬申夏，邻邑蝗生，吏捕灭无宁晷。乔龄默祷于神，县境独免，田禾得无损。古者八蜡之祭，美报下遗猫虎，矧神能去昆虫之孽，功在三农哉，是又乌可以无祀？其以福善名寺，何也？是役也，虑土度木，厥费不赀，获故贫瘠区，龄何忍以营建之事重累邑众？而绅士、商民乐襄盛举，输锾弗绝，丹楹刻桷，不日成之。财也者，人所靳而不轻予也，乃欣然各出其所储，新庙貌而妥神灵，不可谓非敦善者也。夫天道福善，理有不诬，今而后神其锡祜于民，俾无疵厉、无夭札，年谷时熟，螽蝝不生，于以荐苾芬而鸣磬管，民之福也，吏之愿也，故寺以福善名也。时乾隆十九年岁次甲戌孟夏朔日。

附记

此碑记撰于乾隆十九年（1754），见于：（乾隆）《获嘉县志》卷四，祠祀，中国地方志丛书，华北地方，第490号，（台北）成文出版社，1976年，第229－231页；又见于：（民国）《获嘉县志》卷四，民国二十四年（1935）铅印本。此记前有关于三官庙的简介："三官庙，在城东南隅，久圮。乾隆十八年知县吴乔龄捐俸，率邑人重建，更名福善寺。"

湖北

113　题三官庙疏

（明）吴国伦　撰

　　郡故无三官庙，诸父老之好事者将创为之，而请于郡大夫。郡大夫曰：神依于人，亦必以其乡之人重，而况无其举之者乎？若其谒吴先生，庶几先生一言则三官之灵也，而父老之蓍龟也，举易易耳。于是诸父老将郡大夫之命来谒予，予不能避，因叩诸父老曰：三官何居，岂黄冠所诵天、地、水三官大帝乎？曰：然。曰：然则三龙女所生三元子，为能得道度世，而受封天帝者乎？曰：然。曰：然则三子生而官天、官地、官水，至神矣，而龙王有女虽灵异，亦一水族，何以能生三大帝而天地且为所官乎？诸父老矍然失容，逡巡不能答。予因喻父老曰：有之为学道者，设非以幸福也。夫羽人三官，犹之沙门三宝，皆取诸身而寓言之。天，太阳也；地，太阴也；水则阴之气、阳之精，而又能生天、生地、生万物者也。故人身一天地，而水流行营卫间，不盈不息。而官之者，心也，心得其官，则天地交，水火济，万物生，故能长生久视而无瘥疠夭札，人也而神矣。称龙子焉，神之也，示不可测也；称大帝焉，尊之也，示不可亵也，此三官之所由来也。乃黄冠者，谓能诵其经，当有天官赐福、地官赦罪、水官解厄，得无涂人耳目而使之刍狗其身已乎？诸父老曰：异哉，闻乎！吾党将奉先生之言以省心，而因奉三官之像以喻众；庶几一乡之人，乐为善而惮为不善，即无堕罪厄，厚幸矣，安敢望福乎！予曰：嚱嘻！父老得之矣。庙址在州东南，燕子水口，形家者便焉。

附记

此碑记撰于万历五年至二十一年间（1577—1593），见于：四库全书存目丛书编纂委员会编，《甔甀洞稿》卷四十八，四库全书存目丛书，集部，第123册，齐鲁书社，1997年，273–274页。吴国伦（1524—1593），字明卿，号惟楚山人，嘉靖二十九年（1550）进士，嘉靖、万历年间著名文学家，"后七子"之一。

114 建三官庙序

（清）顾景星 撰

道家言天、地、水府为三官，盖自然有神若盘固、黔嬴，圣而不可知之者，而鄙说往往实之，如玄武，北方七宿也，则曰静乐国太子；文昌，斗上六星也，则曰梓潼令张亚子；又谓李，黄帝时怨女国皇为神农师；他如周伯、老子、王蓬絮、造父、奚仲、王良、轩辕、蚩尤，本假借名星乃谓，皆其人死而神见于天，以至天地日月列宿、雷电风雨皆有姓名字，诬妄甚矣！其称三官，则曰汉陈子春三子也。陈子春，不知何许人。且夫自有天地，即有此三官。官者，物之宰也。道家曰三元。元者，善之长也。执位等威，辅佐上帝，在群神上，人无日不仰见天、俯见地；火食水饮，宜无日不思报。故天子祭天地，大明、夜明、五岳、四渎；诸侯亦得祭风云、雷雨、山川之在境内者。祭者，报也。士庶人，法不得祭，将遂不报已乎？故奉三官，报天地水火，而曰汉陈氏子，则吾何与焉？人无不本天地水火以生，如无无父母之子而顽不思报与不孝大逆无道等。世无不孝大逆无道之人，则皆奉三官之人也。

附记

此序撰于明末清初时期，见于：《白茅堂集》卷三十六，清代诗文集汇编，第 76 册，上海古籍出版社，2010 年，第 581 页。顾景星（1621—1687），明末清初文学家，字赤方，号黄公，蕲州人，入清后屡征不仕。

湖南

115　古华藏庵即三元宫碑记

（清）徐旭旦　撰

　　洞阳当九邑之冲，界连吴楚两省。重峰叠嶂，崇冈侧阜，弥漫不可纪极。出北郭，越里许，有清浏一曲，流水潺湲，环绕于崇崖峭壁之下。苍松翠柏，抹寒烟于长林丰草之间，有三元宫者，乃宋时所建也。左奉真武，右奉东岳，前殿三元真宰，后殿供三世如来。国朝定鼎之初，有僧昙壁栽培卉木，置买田园，以司香火。兵燹之后乎荡废。幸有住持性坚重修殿宇，邑侯星山先生再整金身，免其地粮。至于治茶坪，葺竹圃，间植琪花瑶草，度允执为徒。又有四景，以为一邑之冠。四山环绕，岚气氤氲，晴霞相映，灿若卿云，曰卿云山。窅然以深，澄然以洁，适口而甘，沁人心膈，曰甘泉井。绿树缤纷，鲜有摇落，纵越暑以凌寒，并半尘之不着，曰祇树园。曲径蜿蜒，兰生其侧，惟芳香之袭人，而不见声与色，曰猗兰径。以故寻幽探奇之士，莫不息肩荫憩、往来盘桓焉。且三元真宰，乃玉枢上相，护国祚、庇群黎。邑之人，岁时虔祷，灵应不爽；雨泽之适宜，阴阳之无忒。实体天心以为心，施天功以为功也。怙冒覆帱，虽布其力于洞阳；然利济普昭，实广其功于宇宙。则修祀惟谨，永久弗替。匪惟一邑之崇奉已也，吾愿四方之兆姓，清浏之黎庶，不徒修庙貌之具文必瞻拜肃敬，争自砥砺居者、修于家行者，安于途为孝子，为顺孙，为良民，为善士，沐浴教化，歌咏太平，以臻于太和雍熙之盛，又官斯土者之幸也。华藏庵系之以三元宫者，仍其旧也，因泚笔而为之记。

附记

此碑记撰于清康熙时期，见于：《世经堂初集》卷六，四库未收书辑刊，集部，第7辑，第29册，北京出版社，1997年，第191－192页。徐旭旦（1659—1720），清代文学家、戏曲作家，浙江钱塘人，字浴咸，号西泠，副贡生，康熙间举鸿学博词，历任兴化知县、广东连平知州，工诗词及戏曲，与孔尚任交善。

116　三官殿右修建文昌阁碑

（清）罗源江　撰

寿星观，长沙古刹也，中玉皇殿，右雷祖殿，左三官殿。三殿品列，佛地庄严，称名不易，后苏人占三官殿为苏郡乡祠，没寺田，灭佛像，逐僧徒，改名三元林。时乾隆三十六年事也。戊戌夏，江父潘与邑十绅呈碑志控臬院，事未寝而父见背。庚子秋，江呈前院刘行前县党，烛群奸，定信谳，仍还诸佛，仍召原僧，三元林仍称三官殿。同邑捐金三百两，于殿右建文昌阁，设钟鼎崇祀之，俾与三殿并垂不朽云。万福禅林，驿步门内，即古龙兴寺，宋建，明重修，本朝铁目禅师募建，经略洪承畴重修，布政司郎永清建后殿，乾隆五十七年住僧涵澜重修。

附记

此碑记撰于乾隆五十七年（1792），见于：（嘉庆）《长沙县志》卷二十四，中国地方志丛书，华中地方，第311号，（台北）成文出版社，1976年，第2253页。此文中简要回顾了三官殿被苏商侵占并改名后，作者与其父等人向官衙控诉，经官府勘查审理后，判决恢复其原名及面貌，详情见长文《三官殿审谳碑》，第2236–2253页。

五、华南

广东

117　建三官殿记

（明）李良标　撰

乳邻衡桂，山水之秀不亚邻邑。但左阜低平，右峰高峻，堪舆家言：天关宜开，地轴宜闭，以故关帝庙、元妙观、义士祠禅联建县治之东，藉补其空旷焉。元妙观傍地，民墟抱左，榕荫覆右，岳山轸后，泷水带前，居然一福地也，落成殿宇，以妥三帝之灵，可无一言以纪其胜乎？昔家君游学闽漳，闻三官为人世福神，语人以所宜祀。标髫年负肮脏之骨，酣业架之书，未能事人，焉能事神？乃学屠龙而无用，老伏骥以徒生。至观孔圣贤、道家老子为人中龙；考鉴湖一曲，贺公弃青紫而素卷，窃于黄冠风味有向慕焉。夫三帝，则道家神也。余获其经而阅之，后核其传，则三帝所司赐福、赦罪、解厄，三者实利济于人，益知家君之言不诬矣。适同志谋立祠肖像祀之，命余总有其任，纠择缘首，得三十六人，邑中绅衿耆彦，咸桴应之。于是市材鸠工，琢砺取锻，推陈君世荣、邓君惶分任其事。未几殿成，巍然峻起，更竖叁亭，翚飞鸟革，刻像于上，侍以曹官，护以土主，冕旒绅笏，端拱严威，冠其匾曰"玄冥赋政"；亭下装楔为前轩，匾曰"紫薇清署"；轩外有墀有垣，中通拱门，上砌坊壁，额其内曰"福乡灵境"；额其外曰"别一壶天"。外造屋三间，左为殿门，中为厨室，右作店房取租，积为修葺之费。厥工告成，规制焕然。登斯殿者，睹栋宇巍峨，清凉砭骨；盼风景潇洒，兴味悠然，即欲不放荡形骸，如老氏之逃虚，倘追黄冠、忆素卷之风，不将奋冥冥鸿飞之逸趣乎？则谓是殿之成为特地，乾坤崭新日月者非耶？乳空旷青阳，又增金汤一巨镇矣。矧栖神有所，岁时恭祷，帝灵来格。凡为御眚灾报、景福荫庇乳人士者，小宁有既哉？虽然福未有幸致也，语云：十年树木，百年树德；惟积德基福，余愿同志勖之是举也。经始于乙亥之秋，落成于丙子之夏，众属标为记，念三载间与诸君经营董作，身任其劳，谊不容辞，因述而备书之，实深望于后贤之绍美而振躅云。

附记

此碑记撰于崇祯丙子（1636），见于：广东省地方史志办公室编著，（康熙）《乳源县志》卷八，广东历代方志集成，韶州府部，第8册，岭南美术出版社，2009年，第542－543页。另外，《乳源县志》卷四曰："三官殿，在玄妙观之左，崇祯八年生员李良标等建。"撰者为生员，即邑庠生。

118　修建三元殿记

（清）李栖凤　撰

南越穗城之次，上应牛女，表山蹑海，朝幻蜃楼，夕飞翠幙，盖古所称灵宅也。自仙人驾五色羊而后，浮邱煮石，流风相继，虎龙铅汞，大地丹炉，葱然蓬岛琼宇，迥丽乎一炁中矣。然当张文献凿岭以来，垂数百年，为冠盖蝉联之会，农商辐辏之区；五方万姓，杂沓纷华，众妙独玄，沉沦劫薮。时际两王，提师驻跸，救民水火，应运廓清，川岳效顺。则凡礼乐、兵政、修举，大昭于天下；而兹灵州道气之秀异，云粉枣瓜，不可为往事之难遇也。夫身入尘寰，神栖福地，未逢缘法，必具戒心，于是议城北观音山之阳，集建太上三元宝殿。登高极目，烟火苍茫，引众善之攸归也；入庙瞻崇，庄严轮奂，摄百念之思敬也。且以神道设教，而必皈奉三元大帝者，有能树德务滋，生生不息，天将敛时五福而锡之矣。悔过迁善，坦坦荡荡，盖取诸贞地之义。至于无平不陂，无往不复，苟明斯义，克济刚柔，是亦何厄须解哉？太上忘形，其次乐业，顾名思义，即境全真，尽东粤大地，而将纳诸仙台，胡麻遍野，桃源比封，两王风化，山高水长，又何止玉岩银井，垂名纪胜为耶？殿成立石，余乐得而为之序。钦差巡抚广东等处地方、提督军务兼理粮饷盐法、兵部右侍郎兼都察院右佥都御史加一级李栖凤顿首拜撰。龙飞顺治十三年岁次丙申秋八月吉旦。右刻在观音山三元宫。

附记

此碑记撰于顺治十三年（1656），见于：（宣统）《南海县志》卷十三，中国地方志丛书，华南地方，第181号，（台北）成文出版社，1974年，第1245-1247页；又收于：冼剑民、陈鸿钧著

《广州碑刻集》，广东高等教育出版社，2006 年，第 256 – 257 页。另外，文中"两王"，即平、靖二王。

119　重修佛山三官庙碑记

（清）吴荣光　撰

　　国家旌别淑慝之柄，所以维教化、厚风俗。然为善者，未必尽能自达以应贤旌；为不善者，或且巧于自匿以逃法网。于是有天道之彰瘅，《易》言余庆、余殃，《书》言作善、作不善，皆本天道。夫天之苍苍，其色正耶，其远而无所至极耶。天不言而恐懦者遂而不知警，黠者遁而且自幸也；复设为所司纠察，以激之劝之；善果福，淫果祸，昭然确然，使有所可为，有所不可为，故神道设教所以辅王道之穷也。道家言天官、地官、水官，承天命以诇察人间善恶，动寂感应，如粒在种，如影随形，视昔视今，凛切森悚，故世人之祀三官以求福者为多。吾粤佛山之观音堂铺向有三官庙，嘉庆己未移建马基，即八景中孤村铸炼处也。万家周卫，九曲湾环，神故灵而庙将圮。道光戊子某月，里人鸠工重修并建香亭及左旁屋，越某月落成。栋宇修洁，香烟蠖濩，求福者骏奔麇至，不遑休息焉。余谓福不必求，而亦无不可求也。夫聪明正直之谓神，聪明则不可欺，正直则不可谄。自今以往，其奉香燎、具牲币以事三官者，敬念神之彰瘅，奉天无私，善恶祸福，惟人自召。各勉为孝子悌弟，义夫顺妇，敦善不怠，非理不为，则一念之感，神必应之；勿徒以享祀丰洁，祝史谀悦，可觊神庥也。传曰：民不易物，惟德繄物。孟子曰：祸福无不自己求之者。因乡人之请，遂为之记。

附记

此碑记撰于道光戊子（1828），见于：《石云山人文集》卷二，续修四库全书，第1498册，上海古籍出版社，2002年，第78页。

120　重修三元宫碑记

（清）邓士宪　撰

粤秀山之三元宫，为岭峤之巨坛，擅海邦之胜境。址基创自前代，贡火盛于今。兹惟阅历有年，规模非旧，栋宇摧残乎风雨，土木朽腐乎蝼虫；而且堂鲜一亩之宽，屋仍三间之陋；使无以增其式廓，将何以壮厥观瞻。缘既往之因循，亟乘时而振作。幸藉宰官绅士，乐善好施，宏不舍之檀，集成裘之腋，汇交住持经手修造；感逾鳌戴之重，荷比蚊负之难。爰将头门、斋堂、香亭、三官殿、灵官殿、雨仙殿、观音殿、祖堂、新客厅、山舫各处或加以补葺，或始事经营。费用不赀，工程非一，竭尽绵力，克告成功。广世界于三千，现金身于丈六，巍宫轮奂，赫乎有光；宝相庄严，俨然可畏。冠裳雅会，弥昭对越之忱；裙屐清游，益切凭依之念；固宜英光永灿，历岁常新矣。虽施无望报之心，而福有攸归之实用，是勒石纪功，垂名列左。诰授中宪大夫、云南储粮道、前翰林院庶吉士、南海邓士宪撰文，例授文林郎拣选县知县、丙子科举人、番禺刘光熊书丹，道光十七年岁次丁酉十一月吉日，全真龙门正派住持道人黄明治建立。右刻在粤秀山麓三元宫。

附记

此碑记撰于道光十七年（1837），见于：（宣统）《南海县志》卷十三，中国地方志丛书，华南地方，第 181 号，（台北）成文出版社，1974 年，第 1355－1356 页；又收于：冼剑民、陈鸿钧著《广州碑刻集》，广东高等教育出版社，2006 年，第 260 页。另外，该题目七个字以"横题篆书"书写。

121　重建三官庙碑记

（清）谭莹　撰

三官之尊，主乎三元，司于三界，必泥鱼豢《典略》，试检魏郎《魏书》，参之《册府元龟》，证以《陔余丛考》，类能录善八方，赐福万宇，民心攸系，庙貌特虔。已惟棠下乡，夙荷灵庥，敬供祀事，吹豳饮蜡，共谱神弦，保麦宜蚕，谨酾村酿。星霜腰腊，渐慨凋零；缔造经营，转嫌狭隘，则有庙后隙地约若干尺，实某某祖铺业；庙右隙地约若干尺，实某某祖业，特俾庄严而割宅，讵论功德而舍园。众复布金，欣然斧木，丹楹刻桷，月地云阶，麟脯雉膏，鸾箫凤鼓；千村尘静，万井波恬，十笏丹青，一龛香火；金幡玉简，伟如南海之旟旐；羽葆霓衣，实掌北门之锁钥。庙创建于嘉庆丙辰某月，重建于咸丰己未十一月，坐壬向丙兼亥巳，谨仍旧贯宜也。图烦周昉，纪侔郎瑛，渔让耕推，时和岁稔；清高像，肃送迎，和明允、子瞻之诗；缘起事，详援据，惭曼硕、震川之笔。

附记

此文撰于咸丰己未（1859年），见于：《乐志堂文集》卷十七，续修四库全书，第 1528 册，2002 年，上海古籍出版社，第 309 页。谭莹（1800—1871），字兆仁，号玉生，广东南海人，清道光二十四年（1844年）举人，善诗文，尤工词赋，藏书家。

广西

122　重修三元宫碑记

（清）蓝兆麟　撰

　　神秉元德，辅天地，掌水衡；降祥锡福，恩光遍及群生；赦罪消灾，惠泽常昭宇内。声灵赫濯，罔有弗钦，是以庙貌之建，遍于郡邑。桂平西关三元宫，地出小南门里许；枕郁江，面西山，青嶂屏列，绿水回环。考斯庙之建，始自前明，至康熙四十四年，乃建中座，正间则奉祀观音，头门内奉韦驮；四十五年，麟高祖与众友等敬送渡额，以为永远香油之资；厥后乾隆乙酉，麟祖与刘唐、苏林诸人倡首重修，迄今七十有九年矣。世远年湮，风凋雨蚀，梁楹俱皆朽腐，殿宇亦将倾圮，其何以妥神灵而肇禋祀乎？麟久欲倡修，以继先人志，而犹志焉未逮。道光癸卯，因与列君行举、谭君荣邦、吴君世昌、蔡君进标、赖君昌礼，喜会相与议修，尽皆乐善同心，恭请诸公值簿捐签。幸各欣焉乐助，乃得庀材鸠工，增其式廓，重新庙宇。移观音堂于左，并建客厅，以为祀事退步之地。继自今，新庙奕奕，钟鼓喤喤，桷刻楹丹，神安人乐，仰峻宇之翚飞，瞻甍标之耀彩；规模宏敞，体势穹隆。观其外而屋则渠渠，入其内而庭则殖殖。斯固主调元赞化者之默宰，其威灵而亦敬神明者之群襄。夫大力也，坏而复创，訇爽暗昧，得耀光明，是亦继志而为之事也，岂曰修举废坠，侈然自多乎哉？工告竣，凡有善信诸公，例当纪泐以垂不朽。是为记。

附记

此碑记撰于道光二十三年（1843），见于：（民国）《桂平县志》卷四十八，中国地方志丛书，[华南地方]，第131号，（台北）成文出版社，1967年，第2149－2150页。卷十五纪地，第356页，有关于此三元宫兴建沿革的简述："三元宫：在西关北帝庙，康熙四十四年建，四十五年举人杨日盛等买受东门下渡头一所，租钱三十千文，送作香灯，收立斋三官户粮米四斗八升七合七勺，差银七钱六分。乾隆三十年修，道光二十三年贡生蓝兆麟重修，有碑记，详纪文。"

六、西北

陕西

123 灵台三官堂文

（唐）司空图 撰

盖闻元台秉粹，真极设官，贯日星而洞六幽，摄品汇而尊三府。雷鞭电抶，未穷搜遏之威；鬼伏神藏，尽在指抚之列。容光必照，暗室难欺。人伦知教义之宗，天吏振纲条之目。密宏善贷，普济群生。固宜上报君亲，下援戚属。橐千金而喜舍，尽铸尊仪；倾百宝以装成，别崇秘殿。共伸虔恳，永缔良缘。使人面狗心，不残贤而害善；铜头铁额，自折角而摧牙。免陷危机，皆逢懿网。况此观地连名岳，境胜元都。在历览而可知，乃众星之所集。一池菡萏，时时而雪里生香；五夜沉寥，往往而峰前仙乐。闻于肹蠁，雅合归依。今则自属时艰，多嗟力罄。坏檐不葺，朽壁难杇。蒙尘而庙貌全隳，薜驳而天衣半褫。莫能起敬，但速退殃。将希保佑之功，合发修崇之誓。倘使丹青克焕，结构重新；必凭香火之因，永拔沉沦之苦。幽明洞感，罪疢咸祛。家游不死之乡，国庆无疆之祚。烹妖斫魅，免助虐于三虫，控鹤羁龙，笑摧枯于一鹿。别置金天之社，长为玉帝之神。凡愿列名，庶同不朽。

附记

此文撰于作者躲避黄巢战乱的回乡途中，大约880—881年间。见于：（清）董诰辑《全唐文》，第六册，卷八〇八，山西教育出版社，2001年，第5003页；亦分别见于：影印文渊阁四库全书，第1084册，台湾商务印书馆，第542页；四部丛刊（初编），0775册；祖保泉、陶礼天笺校，《司空表圣诗文集笺校》卷十，安徽大学出版社，2006年，第316页。该文题目，《全唐文》本作《灵台三官堂文》、文渊阁四库全书本作《灵台三官堂疏》，而其余版本皆作《云台三官堂》。

124　三官庙重修碑记

（明）艾郢胤　撰

城东建有三元行宫，迩来风雨敝之。岁戊午友人马光显葺饰之，阅月竣事，丹壁飞甍，金榜画栋，真胜地也。乃向余索所以记之者。夫三官之祀，实繁不具论，而此地颇清胜，足供眺啸。时当溽暑，拾级而升，觉两腋间习习风举，有羲皇以上意；且不近市廛，一切喧哗，罔复混杂；疏宕空旷，所谓城市山林非耶？登此台者，近而凭栏，朝曒暮霞，金紫相射；远而引眄，峰头树色，苍翠交加。其境固有足赏者，余因以记。

附记

此碑记撰于万历戊午（1618年），见于：（光绪）《绥德州志》

卷八，中国地方志丛书，华北地方，第 298 号，（台北）成文出版社，1970 年，第 816－815 页；亦见于：（顺治）《绥德州志》卷三，题作《米脂进士艾郢胤记》。艾郢胤（1585—1629），字五疑，号九泽，圁川人，崇祯元年（1628）进士，官至贵州道监察御史。

125　新建三官庙记

（明）余忠　撰

　　县治之西仅百步余，今谓西关三官庙者，旧皆未有也。成化丙申间，遇例设集市，复增其版籍，各府州县，通修关厢，壮观城市，故邑近郊西，始有是关也。其居民数百余家，往来商贾之类，靡不有便于此，而治之安固亦不能不资其羽翼耳。时弘治辛亥八月朔，有一日夜，天雨连绵，溪河泛涨，关之街衢，可通舟楫。凡居斯地者，舍宇倾颓，荡然一扫矣。患除之余，前西乡致仕蜀州陈正纲、山东李晟及寿官秦原率谕关之居民，以水害之侵，不为细故，其灾不弥；若等欲聊生，奚自因是，恭乃心、恪乃事，各捐金帛之资，易值木，植椽瓦等料，命匠鸠工，建天地水三官庙宇三楹，刻塑神像其中，故凡庙制之所宜有者无不具。其功肇于弘治五年壬子，落成于是岁之夏六月，胜事即成，上以祝皇图万年，下以祈斯民康泰。贤愚一志，亿兆同心，于是此庙之建，俨为邑关之壮观。则神之锡贶，于远近者亦昭昭不诬陷矣。兹当告成，属予记以坚诸珉。予惟鬼神之道，莫非理之所寓，而至化未始不行于其间也；非可以智求，非可以力得，惟一念之诚，足以感之耳。今则神必灵妙于冥寞矣。故因请而极论之，以后来者乃知所自云。

附记

此庙记撰于弘治五年（1492），见于：薛祥绥手抄道光本，（道光）《西乡县志》卷二，中国地方志丛书，华北地方，第316号，（台北）成文出版社，1970年，第89-90页。此文前有关于此三官庙新建的沿革："三官庙，西关，屡被山水冲塌。道光五年，知县张廷槐改建太白庙，仍供三官神像。"

126 三官庙碑记

（清）梁熙 撰

《道藏》有三元经卷，以赐福、赦罪、解厄为义，而三官庙貌遂遍人间。城南十五里韩家营有庙一区，因遭兵燹仅存基址。里人共捐赀财，鸠工构建，其殿宇神像得复旧观。将立石阶前，用镌信心乐施者之姓氏，以劝将来，请予一言识其端。窃以天地气化著于五行，而水占生成之先，且居四大之次，道家者流斟酌位号，奉曰三官。固形理是依，功德有凭，非他野庙、杂祠为鬼神饮食计者，可得比拟。所以倾毁之后，人心不泯。虽荒烟蔓草之余，终

191

有岿然显赫之日。然自大清戡定以来，居民得免乱离，各葺茅宇，共谋生聚，垦芟草莱，供纳赋税，迄今已三十又四载矣。黾勉余力，始能追复往迹以仰，遂其祈报敬畏之思。瘠土艰难，盖若是也。后之览者，绎岁月而念民生，当亦不能无感云。

附记

此碑记撰于康熙九年（1670），见于：《皙次斋稿》卷四文稿二，清代诗文集汇编，第79册，上海古籍出版社，2010年，第623页。梁熙（1622—1692），字日缉，号皙次，顺治十二年（1655）进士，曾任陕西咸宁知县。

127　重修三官庙碑记

（清）张廷槐　撰

守土之职在于治民、事神，而神依于民，事神皆所以为民。民情莫不欲风调雨顺、年谷丰登，而又甚不欲水溢岸崩、冲漂庐舍。夏暑雨，小民惟曰怨咨；冬神寒，小民亦惟曰怨咨。为民上者，思艰图易，亦惟一以民之心为心。此《周礼》太祝掌六祝六祈，而又设小祝之职掌小祭。祀曰：祈福祥，顺丰年，逆时雨；又曰：宁风旱，弥裁兵，远罪疾。《大雅》云：靡神不举，靡爱斯牲。匪民之故，而曷为是汲汲哉！邑西关旧有三官庙，创于前明弘治三年，为民间祈禳之祠久矣。余莅任以来，尤因祈求雨泽、祷消水患，岁时常诣焉。凡有祈必应，灵感弥昭，善乎！建庙碑记之言，曰："鬼神之道，莫非理之所寓，而至化未始不引于其间；非可以智求，非可以力得，惟一念之诚，足以格之。"顾庙以历年既久，涂曁剥落，又数圮涨水，墙宇倾颓，非所以栖神灵而昭祀事。爰为鸠工庀材，择吉兴工，犍基正向，重筑围墙，装塑神身；另建拜殿，辉煌金碧，轮奂维新，工阅五月而成。倡捐清俸，士庶酿金。庙既成，重为申祷，官民咸恪，精白一心。惟祝水归其壑，永绝河神暴怒之虞；雨应以时，亦无旱魃为虐之患。胥仗神庥，共臻安堵。

附记

此碑记撰于道光五年（1825），见于：薛祥绥手抄道光本，（道光）《西乡县志》卷二，中国地方志丛书，华北地方，第316号，（台北）成文出版社，1970年，第90－91页。另外，文中"创于前明弘治三年"的说法有误，结合第125篇碑文来看，应该为"弘治五年"。

128　重修三官庙碑记

（清）史绍薪　撰

从来神以庇人，亦以依人，神庇乎人而依乎人，如日

193

月照临阴阳，寒暑之运行，无处不有，亦无时不然者也。必谓神在于此，泥矣！然谓神不在于此，谬矣！夫神有所在，而人不以祀神，则慢神甚矣！此祀典所有肇，而报赛之诗所以作也。史家河旧有三官大帝庙，所以报天地各生成之恩者也。创自前明万历年邑祖史守栋，厥后即坏即整；迄今风雨剥落，庙堂倾颓，而人之见之者，无不寒心。于是鸠工庀材，捐赀重修，非敢冀神之庇人，庶神有所依，而报赛亦有其地耳。工告竣，爰勒之石，以纪其本末；并倡率捐赀人姓名，即载碑阴，则某也施财之若干得以悉，而神得所凭，依前人之泽，亦久久永存矣。是为记。时道光二十九年瓜月中旬五日之吉，岁贡生乡饮大宾邑人史绍薪沐手撰并书丹。

附记

此文为岁贡史绍薪撰于道光二十九年（1849），见于：（民国）《洛川县志》卷二十一，中国地方志丛书，华北地方，第536号，（台北）成文出版社，1976年，第468页。卷二十（第439页）有此三官庙简介："三官大帝庙，在史家河，明万历间建，有清道光碑记存，文见《古物志》。"

甘肃

129　重建三官菩萨庙碑

（明）王士吉　撰

二教者何？释也道也；殿者何？妥二氏也；修者何？居士何公通也，王公成也、玘也、玉也，陈公顺也。诸公何为而修也？有所因也。因著何也？古之所有而今廓之也。华池北门外，照壁屹立，塑佛小像，故所有也。然清静者，佛之教也，今而风雨之弗蔽也，苔痕之荐生也，香火之久缺也，供举之乏人也，兹秽也渎也，奚足以云清净也？何公深有忧之，尝语诸人曰：古者建邦设都，必以庙貌为先，所以淑人性也，化强暴也；今而厥壁颓如，厥像拘如；靡所仰也，靡所敬也；吾辈盍辟之乎？其旧并之乎？其新不亦可乎？诸公乃欣然从之。遂诹厥日也，捐厥财也，督厥功也，课厥成也；毁厥壁以遂厥院也，崇厥基以深厥宇也。计其费可值百金，问其成未及一载。芝坪子过而拜焉，游而观焉，遂仰而叹曰：美哉！兹殿也；宿哉！兹谋也；硕哉！兹举也。人性皆善而有所仰者，易以感也。老子以为已，浮屠以为人，均均乎为善也，均均乎立教也，而常人者无所仰，于上则无所感，于下虽善弗著也。是殿之美如此，则虽农夫、樵子亦知其有圣神在上，善心生焉，畏心作焉。愧而且敬，匍匐而且拜者，而况于朝经暮忏，不有以动一方之信守者哉！是故纵欲败度者，悉此有戒也；越礼犯分者，悉此有警也；卜吉察祥者，悉此有微也；祈天永命者，悉此有归也。视彼颓垣败壁，既无补于一镇之扦卫，又无关于百代之劝惩者，其可同日语耶？余忝达于词者，故不揣鄙陋述之，以告来者。

附记

此文撰于正德或嘉靖时期，见于：（乾隆）《新修庆阳府志》卷四十二，《中国地方志集成·甘肃府县志辑》第 22 册，上海书店出版社，2002 年，第 588－589 页；又见于：（乾隆）《合水县志》卷下，艺文，中国地方志丛书，华北地方，第 345 号，（台北）成文出版社，1970 年，第 248－250 页；又收于：合水县志编纂委员会编，《合水县志》附录，甘肃文化出版社，2007 年，第 1822－1823 页，标题作："重建三官庙菩萨碑记"。另外，碑记题名，（乾隆）《合水县志》作《重修华二池教殿碑记》。王士吉，孝廉，邑人，正德间（1506—1520）乡举，王天佑之子。

130　建三官庙碑记

（明）白我心　撰

道家三官，称天地水赐福、赦罪、解厄，其父陈公配龙王三女所出，其说旧矣。然《搜神记》载：周厉王时三谏王弗听，弃职之吴，王用其策伐楚；后复归，宣王赏赍甚厚，复其职，既加封侯爵；宋祥符元年封道化、护正、定志三真君，且赞云。唐、葛、周氏，天、地、水、神，又何说之殊也？夫赐福、赦罪、解厄与道化、护正、定志，虽封号不同，而总之皆为民庇，以社以方，谷臧农庆，高成地利，介言景福，岁时伏腊，集飨耆艾，以辑乡井，以联族党，固守望之好，杜侮予之灾，岂为淫祀哉？而渭出城西，仅仅数舍，对城门有隙地，往时骤雨暴至，则绛水自北而南冲突垣屋，大为民患，盖仁人之所隐也。邑大夫永和李公莅政之逾年，治成化洽，多所建树，设重门东西关以严保障，而更延仁此地，谋所以御之。邑学生魏希君者，近居其所，率左右邻冯李诸父老为筑堤，请建三官祠其上，即许可。自万历癸卯秋，至甲辰春而庙成。庙殿一，仅三楹；门二，各一楹；道庵一楹。盖稍局于地，而丹垩墉栋，藻丽精工，岂仅足壮观色？将邀藉神之灵，笼以道化、护正、定志，若赐福、赦罪、解厄，因之御患害、奠金汤，垂安于永永无极，是李公之心也。是役也，李公盖自为捐资，诸士民相协力，工就绪而里中不知有兴作之劳，是尤所难哉！李公会转去，魏生述遗命，将伐珉勒迹，而属余为之记。

附记

此碑记撰于万历甲辰（1604），题目下附小字"万历三十一年（1603）"，若此为撰文时间则误，因为碑文中有"甲辰春而庙成"记述；见于：（乾隆）《通渭县新志》卷十二，中国地方志丛书，华北地方，第330号，（台北）成文出版社，1970年，第485－487页。

131 卢生薰（三官庙）碑记

（清）卢生薰 撰

祭不欲数，数则渎，惟神非德不馨。三官何神而不日不月、拜之跪之？余惧夫此举之数且渎矣。诸公曰：方今怪诞不经之祀，荒渺无稽之教，无关于物之所以阜、民之所以安者，奉天下而奔走之；不日则月，非男即女，不以为数且渎也。若夫民之所以安、物之所以阜，功施赫如，灵爽昭然，即以乾父坤母之亲亲之水；原木本之思思之，奚不可者？果且谓之数乎哉？果且谓之渎乎哉？且夫数与不数，渎与不渎，原分乎邀福之心，胜不胜耳。今之祀三官者，不曰赐福，即曰赦罪、解厄，惟举念一系于此。虽不数亦数，虽不渎亦渎矣。福自己求，神何能赐？罪自己作，神何能赦？厄自己招，神何能解？但以有神而不祀，何如无神？且建兹阁而不祀，何如无建？是则仝会之意也。果且谓之数乎哉？果且谓之渎乎哉？余唯唯诺曰：余正惧诸公所见之或讹也。信斯言也，先得我心之所同然矣。遂搦管而进曰：余不通神，志如三官之赐福、赦罪、解厄，余实不能序也；余所序者，天覆、地载、水生之功而已矣。

附记

此碑记撰于顺治晚期或康熙初期，见于：（清）升允、长庚修，安维峻总纂，（光绪）《甘肃新通志》卷二十九，江苏广陵古籍刻印社，1989 年。卢生薰（1689—1724），字文馥，号月湄，镇蕃人，雍正元年（1723）进士。

132　重修三官殿碑记

（清）关升元　撰

尝闻紫微、清虚、洞阴总领功过，赐福、赦罪、解厄溥济存亡。所谓参天地、赞化育，其德同乎？三教其功并乎三清，尤人之可祀而不可忽者也。如我邑城北旧有三官殿，由来久矣。备旱涝，御灾患，天、地、水之理俱具，驱瘟疫，郄妖怪，上、中、下之运咸周，以故民安物阜，风调雨顺，神之为灵不已，昭昭可考乎。无如寺院创建，多历年所，风雨有损，鸟鼠有穿，以致檐牙坍塌，墙垣崩坏，非所以栖神明而壮观瞻也。邑众目睹心伤，思补葺之，翻恨一木之力，不能支乎大厦。合会虔诚，恭议悉力募化，欲集腋以成裘，遂时术而累坚。于是鸠工购材，就旧有之基址而增新焉。虽曰人力所致，实神功之默佑无疆者也。工竣之日，嘱余为文，势不能辞，谨志年月日时、姓氏名字，以垂不朽云。

附记

此碑记撰于咸丰二年（1852），见于：（民国）《重修灵台县志》卷二，中国地方志丛书，华北地方，第 556 号，（台北）成文出版社，1976 年，第 333 页。关升元，邑生员。

新疆

133 （迪化）三官庙碑文

（清）佚名 撰

迪化州旧城东曰有庙焉，庙塑何神？曰如来，曰孔圣，曰老君，曰救苦祖师，曰鲁之巧师。是庙也，创正殿三十一岁，通街六行之协力；建舞楼于三十四载，六行匠师之同心；买园地，而五行捐助；盖廊房，而铁匠独成，岁在甲子之纪；办木植而山门乃建，唯木匠以勇跃争先，亦即甲子之秋；正殿、献殿，泥水行成于四十一岁；石狮、旗杆六行师立于四十四年，且西道房原属陶冶铁之造作，而东道房乃即温大章、秦仲厥之修理；至中殿创自四十七年，而大功告竣。仍即通六行之赀财，若画彩辉煌，却系解匠一行之乐施。自今而视庙貌巍峨，固为迪化之观。而溯厥由来，积累岁月，无非众人之丛成，苟不为之彰明表著，亦安能以劝人心存如在之诚哉？是以勒之珉石，庶永垂于不休云尔。乾隆四十七年五月榖旦。

附记

此文撰于乾隆四十七年（1782），见于：（嘉庆）《三州辑略》卷八，中国地方志丛书，西部地方，第11号，（台北）成文出版社，1968 年，第 261 - 262 页。此三官庙位于迪化（即乌鲁木齐）旧城东，为当时建筑工人的行业公会"六行"（铁匠、木匠、泥水匠、锯木匠、陶冶匠、石匠）所集体创建。

七、西南

重庆

134　双峰寺三官殿记

（清）周佲祚　撰

邑南诸山，发源黔播，迤逦入笋溪界，有双峰焉。两笋并出，秀锐如削，寺挂峰腰，由麓而上，级千有奇。敞金绳于绝壁，清幽罕俪，为几江名胜。丁酉初夏，余偕龚君秉权、董君尔仪、龚子德山，信宿抵寺。徘徊四望，龙流虎踞，紫翠遥开，令人有出世想。倘遇玉谢诸人，不知若何品题。已而，读邑大夫大拙张公芳扬、沈公桂华与前辈期生、笋湄两先生诗若文，将秘之以为谈助。适僧璞琳以记请，谓正殿建自慧攀；左右经楼建自觉幻僧，兹不募一钱一粟，捐囊中若干金，庀材鸠工，重建三官殿，今落成，敢乞数言，寿诸龟趺。时余未有以应也。越今年春，属德山来申前说，不禁慨然曰：山颜如故，僧肉已非，宦者作者，俱成古人，区区片石，其何赖之有！虽然，予于璞琳有取焉。大抵头陀氏葺招提而居，即易一椽，倚募以为之缘，相时射利，腥聚而鹯逐之，而于其所应得无论已。寺有茶可快风生之腋，有田资果雷鸣之腹，挂锡者往往争之，璞琳独泊然无所利，殆有先几之哲欤？茶非邑土所宜，笋溪壤与仁合相错，间或延生于悬密灌莽间，故《通志》物产不载，历代税亦不及；近为邻邑所忌，酿成大狱，悬引之累，伊于胡底？院刹之有田粮者，向止完正供。比年以来，天师削平西域，军需费苦不赀，常住几与编户等。向使撄此两累，即罄所藏，犹惧不给，安能为明蔽风雨耶？璞琳将种，而一衲终老，是诚有所托者，故绝不类头陀行径。双峰名胜，赖有此君，斯固可记哉！书付龚子以遗之，如谓窃附诸先生后，则吾岂敢！

附记

此记大约撰于康熙戊戌至壬寅年间（1718—1722），见于：（乾隆）《江津县志》卷十六，中国地方志集成：善本方志辑，第2编，第74册，凤凰出版社，2014年；亦见于：（民国）《江津县志》卷四之二，附寺观，《中国地方志集成·四川府县志辑》第45册，上海书店出版社，2002年；又收于：龙显昭主编，《巴蜀佛教碑文集成》，巴蜀书社，2004年，第588－589页。周佫祚，江津人，康熙间岁贡生。

四川

135 重修青羊宫三元殿碑记

（清）刘沅 撰

道者，理而已。理，寓于品物之中，而宰乎于穆之表，其在人则为性，其在天则太极而已。太极之真，《中庸》所谓"上天之载"，由是而曰理，由是而曰气。理，固非散殊之理，气，亦非流形之气。盖万物之始，理、气浑为一元，不可以名像求，而名像之灿者，皆其理、气之发皇也。

三元天尊之说，肇于道籍，儒者或不敢信。然《易》曰乾元，又曰坤元；而水则天一之气，浮于天地之外，实流行于天地之中，以是为三元，其亦指乎道之所以然耳。然三元实仅一元，而三元天尊者，又理、气之凝，神是宰焉，不得竟以为恍惚也。

青羊肆为老子遗迹，旧有三元殿，同人葺而新之。经始于嘉庆甲戌初夏，落成于次年覆月，记工费四百二十余金，其功可谓勤矣。抑子犹有说焉，神不在天而在心，心必依理，始孚于神，太上以德化民，而且流为邪说，则以但知变化神奇而不敦伦尽性。然老子之书，初不然也。今诸君肖三元而事之诚，由是以求理、气之原，返而修人伦之正，则吾身之中和天地亦赖焉。三元天尊必有印可于冥冥者，其亦异乎貌庄严而工诏黩者乎。

附记

此记撰于嘉庆乙亥（1815），见于：（清）彭定求编著，《道藏辑要》（缩印本），第 10 册，巴蜀书社，1995 年，第 138 页；又收于：龙显昭、黄海德主编，《巴蜀道教碑文集成》，四川大学出版社，1997 年，第 519 – 520 页。刘沅（1767—1855），字止唐，成都双流人，四川著名学者，有《槐轩全书》传世。

贵州

136　七星关三官庙碑记

（清）劳孝舆　撰

七星关桥之东岸，旧有三官神古庙，不知创自何时，岁久渐圮。邑人因建新桥，以庙当桥冲，乃移建于岸西石坛之巅，以期妥神，初不知灵爽之式凭于斯桥也。岁甲子秋，大水泛涨，桥垂成而中墩忽坍其半。大宪以桥为西南要道，议续成其功，而县属金尉实承斯役。询之舆诵，金以桥高水迅，所恃过江巨石为砥柱，非决水澈底而重建之难为功。于是，环筑重堤，障江水使东行，自冬徂春而水不少涸。尉偕匠人走告余。余诣工所谛视，则水自底溢出，决者日数百人，不逾时而渗漏如故，工匠袖手无可如何。余始勉之，尉益有难色。越旬日，水涸石露，桥墩乃建，尉复走告予曰：工成矣。先是，二月之望前夜，若有老人者三，指示决水之处。职初未经意，越三日复梦如前。乃随所指以塞之，则水涸矣。访之土人，始知桥之岸东地向为三官神庙故址，意者神其默相乎？嘻，异矣！予惟巨工之兴，固有非人力所能及者；况桥墩屹立于奔流，非有物以凭焉，尤难为力。相传蔡忠惠公泉州石桥，以及余乡之湘子桥，皆称鬼工，颇近于吊诡，兹固未敢附会其说。然斯桥昔为武侯过化之地，加以上宪利济之功，则神之相我，理有固然，无足怪者。《记》有之：德施于民，能捍大灾、御大患者则祀之。三官之式凭于兹，以庙食勿替也，盖其宜哉。余忝守土，于事神治民之道无所能，乃幸际巨工之落成，而并嘉尉之能勤所事也，遂援笔而为之记。

附记

此碑记撰于乾隆乙丑（1745），见于：（乾隆）《毕节县志》卷八，《中国地方志集成·贵州府县志辑》第 49 册，上海书店出版社，2002 年；亦见于：中共毕节市七星关区委党史研究室、毕节市七星关区地方志编纂委员会办公室编，《毕节县志》（乾隆、同治、光绪校注本），方志出版社，2017 年，第 249－250 页。劳孝舆（1697—1746），广东南海人，字阮斋，曾任毕节邑，有政声。

云南

137　建三元宫记

（明）苏民重　撰

　　国家祈天永命，讲功明祀，其礼事百神，率惟御灾捍患，劳国死事，加之山川社稷，及前哲令德，又其上者。则天之三辰，民所瞻仰也；地之五行，所以生殖也；九州之名山川泽，所以出财用也。非是族也，不在祀典。今世称三官为天地水，属则大人之随在而庙祀焉者，虽谓之正而常可也。顾自以其工宰谓之帝，以其管摄谓之官，以其统始谓之元，要之三才之府也。道流必高其说，而清虚之、摇惑之，以祸福报应之论，每宁幻乎其凿矣哉，非予之所知也。

　　石屏开国来，厥祠未建，处士王君寿相肇事创构，以为邦之祝延祈报之场。先是寿相东郭有田一顷，以亩计，广远八十五丈；以粮计，九斗一升。值宪臣凿以通流，为一方军民灌溉之需，已而有损下之虑度，西城牧地之在官者偿之，计三十五丈也。寿相更出乎其积，鸠工储材，度地营缮，创为是祠。中为殿，前为轩，又前为门，翼以廊庑，缭以墙垣，荫树台榭，靡不备具；绘塑法象及部护诸神，金碧辉煌，丹垩掩映，信为一方瞻仰也。维时寿相集诸善士，告成于其祠，景云叠见，焕耀汉表，众咸异之，益致顶礼。寿相则晨香暮灯，常常往来乎其间，以为修息之所。距工经始于嘉靖庚申之冬，越明年落成，寿相时八旬有五矣。嗣嘉庆、嘉言、嘉猷，诸孙垣、翰、眉、宇、民、皋、臬等，相与殚心效理，共成厥美。嘉庆谓：儒者之道，大而可久，匪得一言，曷以志诸不朽？索其记于余。今夫儒者可以语神乎？儒者不语神，而其正而常者，固宜明其所以然也。况始则割田以惠人，继则捐地以妥神，慕义乐施，恂勤导善，不当播之金石，以诏诸后乎？况乎其可述者，犹不一也。

寿相名时，字大通，号乾阳山人。上世守元为元帅路牧，迨祖赘石屏，遂为头目而家焉。寿相秉赋质直，信尚黄老，生平以积累为仁，施舍为义，即如修小水、新哨二路之倾圮，新诸天、乾阳二刹之敝陋，其他学宫书院，便宅桥梁，力有可及，捐助勿恤。乡评采其懿，达之宪纲，长人者贤之，优赐冠带，饮以社筵。呜呼！片善一长，君子不没；况有众善，终身不倦者乎？用是并附诸此，为世之欲为仁者告。

附记

此记撰于嘉靖辛酉（1561），见于：（乾隆）《石屏州志》卷五，中国地方志丛书，第 142 号，（台北）成文出版社，1969 年，第 147 - 148 页；苏民重，嘉靖十九年（1540）举人，题目下原标注有其简介："知县，苏民重，州人。"又收于：萧霁虹主编，《云南道教碑刻辑录》，中国社会科学出版社，2013 年，第 175 - 176 页。

138 普溯三元宫碑记

（明）李元阳 撰

普溯堡在姚安府洱海卫界内，正德末、嘉靖初，居人费玉鸣于守巡二道建西山三元宫，以祷雨旸。既历年所，颓圮剥落，灌莽翳之。僧真慧者募善人杨楠倡众重建焉。殿堂庑舍，视旧有加，像设庄严，久而弥笃。然殿后单旷无倚，规制未备。山门之外，尺地寸土，皆属他人。山僧局脊不舒，挥锄无地，而骚人墨客，靡所寓怀。有儒生高希颜者，踟蹰拟议久之。一日，发志作观音一阁于殿后，檐甍相映，丹垩相辉，颇称宏丽。复于门外买田拓地，作园林池沼，以为憩息之所。遂有陶氏兄弟，感动摹效，施山地一围。于是，茂林蔬圃，郁然为胜处矣。此宫去官道三里，使轺、旅客虽不常至，而羽人、僧衲往往望气而来。故杨柟又出家资，添置田佃以为接待之备。日增月益，勃然之势未可量也。隆庆辛未，苍山八十老僧圆林深知其然，欲余作记，以传久远，因为书之以贻真慧云。本府陶州、陶县施山岭，东至本寺田，南至箐，西至大埂，北至箐。赐进士第、知荆州府、前翰林院庶吉士、监察御史、太和中谿李元阳书。

附记

此碑记撰于隆庆辛未（1571），见于：《李元阳文集》，云南大学出版社、云南人民出版社，2018 年，碑志类，第 480 - 481 页。碑题原附有介绍作者的小字："赐进士第、知荆州府、前翰林院庶吉士、监察御史、太和中谿李元阳书。"又收于：萧霁虹主编，《云南道教碑刻辑录》，中国社会科学出版社，2013 年，第 101 - 102 页。

139 黑盐井重建三元宫记

（明）李元阳 撰

盐井居民以营利为业，宜其啬施矣。地无百武坦平，架屋山坡如蜂房。然而，二三里之内为寺院庙宇凡十数处，每处屋多者至百十楹，又皆结构美丽。揆其元，非有官司督之使为一，皆出于民之良心相观而善，有莫知其然而然者。予尝以此事问于百岁老僧，僧曰：利在天下，类有神以主之。盐井之卤水或盈或缩，在人之所遇。而其所以为盈缩者孰主张之？人力不能胜也。以规利之人而能倾囊施者，盖施者不贫，贫者不施。故尔儒者常论，一寺之费盖中人千金之产，是生民谷帛之蠹。予亦谓之然。然自阅世八十年来，观天下财利屈竭之端，或旱蝗、水溢，或军旅、丁赋，或疾疫连数十州。此谷帛之所由以剥也。盖缘仁人少而不善人多，皆由人心致灾变耳，如此较量可以知其端矣。黑井三元宫颓废，僧寂戒同檀越者撤而新之。向来朝东，今改北。以堪舆家正其风气，而增置后殿以示庄严。寂戒能修省城中水眼寺，予喜之。今来乞文，不可不作。檀者某人，为倡余人，书于碑阴。

附记

据碑文中"自阅世八十年来"句，结合《李元阳年谱》，此碑记大约撰于万历五年至八年期间（1577—1580），见于：《李元阳文集》，杂记类，第129页；施立卓编次，《李元阳年谱》，云南大学出版社、云南人民出版社，2018年，第686–697页。

140　重修三元宫碑记

（明）李南乔　撰

事神爱民，有司者之常职也。是道也，可以歧而二哉？事神而不爱民，则事神有所未至；爱民而不事神，则爱民有所不专。夫固可以合而观者也。新化州治龙后有象山焉，气势雄大，发源深远。玄武之下兀，一山踊矗，是玄武过渡处。通州士民所赖以生全而安辑之者，此也。其地团栾广阔，四顾高明，诚天造而地设者也。旧有三元宫一所，其神随祷随应，盖神德所依而官民又足以祇事之，是故其应如响也。然必志行可合神明，而后神得以佑庇之；不然，神可以私为哉？岁久易湮，存者无几，纵余一二，皆卑小不足以观。万历丁丑春，善人徐先、廖埧、张文盛、邱鉴、徐统等咸曰：正殿为三官神，两旁为圣母像、寿昌侯庙，是神之正而显焉者，今久倾倒而不知所以恢拓之，吾恐神有未悦，而州民有不蒙其眷焉者矣。矧此又为州之后龙，先人崇祀于神者，意固至矣。乃欣然捐赀，欲为改作，是心善而行善如此耳。

择本年正月初兴，工迄二月终。则殿宇宏饰，庙貌一新，合州人士，皆快睹之，民心既悦则神灵攸在可知。是时，予已擢广东南雄府同知，将戒行焉。徐先谓予曰：庙成矣！考之先曰有祀田五十坵，田之西又有陆地一大段，近廖埧舍水田三十丘，是皆所以供祀典而求福泽者。兹不有以记之，恐为不善者侵没矣。予曰：事神将以爱民，今庙貌新矣，祀田备矣，则祀神有其地；而守土者必求为爱民，以尽夫事神之本者，是又不可以不知。谨记。万历五年丁丑二月，直奉大夫知州李南乔撰，同知赵应魁。

附记

此碑记撰于万历五年（1577），见于：（民国）《新平县志》卷二十三，外编，中国地方志丛书，第44号，（台北）成文出版社，1967年，第196页。又收于：萧霁虹主编，《云南道教碑刻辑录》，中国社会科学出版社，2013年，第103页。

141 重修三官殿记

（清）胡可京 撰

三官殿在城西南外眠犬山下，创自昔人，上置撞钟楼一座。盖山名眠犬，声之则灵，非徒壮观瞻、崇淫祀也。殿毁田荒，碑记无凭。监生李廷柱误买其田，予因以其相传为三官庙常住，令其改图。柱瞿然曰：是当归其田，并其所获之租，重修之。且语家人，柱旋没。康熙甲午，余叩州人兴锁水阁，示其意于柱妻海氏，氏曰：夫虽没，愿犹在耳，是宜偿所愿。遂鸠工庀材，不数月后，殿两厢焕然立就，且月给僧米六斗。虽前殿钟楼未尽毕举，而劝善之义不几金乎？若海氏者，不惟成夫之德，并不负山川之灵矣。故记之。

附记

此记撰于康熙甲午（1714），见于：（雍正）《阿迷州志》卷二十四，中国地方志丛书，华南地方，第258号，（台北）成文出版社，1975年，第348－349页。胡可京，贡生。

142　三官庙碑记

（清）孟端　撰

自古御灾捍患之神，祀典所不废，盖以有功于民也。威郡新开边疆，民风淳朴，闾阎以力田为业，仰事俯育，终岁取给于南亩，旱涝之患所深虑也。甲子岁端调任斯土，至之日熟察风土民情，首以重农为务。越明年乙丑，值东作不雨，民以为忧，遂设坛于三官庙，端步祷神前，不一日而即叠雨沛滂沱，四野沾足，是岁书大有，嗣后连年丰稔。至戊辰夏，又天旱如乙丑，端设坛步祷如前，祷毕即雨，仍书大有。虽斯土之福，然非神明之灵感，岂能如是之有求必应乎？是真御灾捍患之神，为大有功于我民者也！因询是殿之所由来。知是殿也，本省客民起建于乾隆二年，只立殿宇，规模未备。十年间，府吏刘廷汉倡募两厢山门。两猛十三乡，土木助缘，共获净银八十五两一钱，陆续置备火瓦等料，用银八十六两有零余，剩十八两，存廷汉收贮，所募不敷修建，廷汉有愿未成。端以佑民正神，宜崇庙貌，捐俸复修，力肩斯任；乃度量地势，前后褊浅，难建两厢山门，且原建殿宇不甚轩昂。因择吉于乾隆十三年六月初九日兴工，将后山开深二丈，拆卸旧殿，添换木植，加深前后廊檐，增高柱磉，移建于后，重塑圣像于其中；复将两厢地基，采石砌宽，培砌石岸。新建两厢各三间，山门一间，耳房两间，当有抱母井。大使李馥愿助银三十两，署友胡大兴亦助银十两，乐劝其事，于九月二十八日落成，计费工料银三百八十一两二钱；除募旧共新助，共银一百十六两外，端实捐俸银二百七十五两二钱，其廷汉存银十八两。愿将自买高平乡茶房田一段，田价银十余两，税契一张，呈送常住，每岁可收租谷五土石，为香火之资，业已批准存案。从此庙貌巍峨，规模齐备，阁井有以观瞻，庶几永殄灾氛，常赖神灵保护矣。然则端之为是举者，非所以邀福，亦凡以为民也。是为序。

附记

此碑记撰于乾隆十三年（1748），见于：（道光）《威远厅志》卷八，《中国地方志集成·云南府县志辑》第 35 册，凤凰出版社，2009 年，第 145 页。孟端，此时任威远"同知"。

143 （禄丰黑井）三元宫灵祖殿重建募捐功德启

（民国）佚名 撰

烟溪凤岭之下，观音禅院之上，则有神宫在焉。斯宫建自明季万历，崇祀天地水府三元、三品、三官大帝；顶祀玉皇，傍配天师、药王，外殿则马、赵、温、殷四大元帅，对面更奉王天君。所供诸神，丕昭灵应，神威远镇，则群魔束首；金鞭应现，则疫疡潜消。历来崇祀香火未辍，因年久失修，风雨蚀剥，昔日之宫阙巍峨，半多倾圮，楼台层叠，将作丘墟。同人等目睹神宫之倒塌，名胜之不存，是以纠合同志募资建修。只原工程浩大，需款甚巨，用是广为劝募。伏祈善人君子，绅商学界，慨解囊拓，惠然捐助，俾集腋可以成裘，聚粟可以成山。斯宫之得以重建落成，焕然一新，不特请名流有所暱游地，而神明之香火永奉，我邑之名胜亦得保存，不惟获天人之眷佑，亦必蒙神灵之鉴观也。是为序。前盐兴县县长苏品镒捐票洋叁拾元，前新疆天山南路道尹王家荣捐票洋壹佰元，前云南省议会正议长李正茅捐票洋贰百元，张大队长聚奎捐贰拾元。

附记

此碑文撰于民国初年，见于：楚雄彝族自治州编，《楚雄彝族自治州文物志》，云南民族出版社，2008 年，第 208 页。又收于：萧霁虹主编，《云南道教碑刻辑录》，中国社会科学出版社，2013 年，第 662－663 页。

八、台湾

新北

144 （三重）三元宫建宫沿革

本宫供奉三官大帝源自一九六〇年代（确实年份无资料可考），每年由地方里民于空地搭建红坛办理庆赞法会，再由值年炉主请回家中供奉。约一九九〇年代，因地方人口增加由顺德里掷得开基香炉，瑞德里掷得开基金身，两里从而分开供奉。本宫顺德里三官大帝，于二〇〇六年，成立三元济世慈善会，作为三官大帝庆典管理委员会，由蔡秀敏女士担任第一届理事长，二〇〇八年由花陈月娥女士当选第二届理事长，其间由总干事李勇春先生及会计陈麒麟先生推动建宫计划，经第二届第二次会员大会投票通过，租用本境民宅作为建宫基地。二〇一四年因机缘一到，租得三重区仁昌街现址作为建宫开基基地，经各界善信大德热心支持踊跃捐款，于二〇一四年农历八月十九日卯时开光建宫金身，农历八月二十日午时入火安座。

三元宫建宫捐献芳名录（略）。

附记

此宫初兴于1961年，此碑志撰于公元2014年。此宫位于新北市三重区仁昌街111号。另外，此文及以下各篇，主要由田野调查所得，下文不再赘述。

桃园

145　兴元宫沿革志

维我兴元宫，历经百岁，终于二〇〇〇年农历十一月初八庆成建醮。此一人间盛事，遂使神灵显赫，福祉无疆，万民咸被其泽。然追溯流光，本宫乃自民前十年，由本地望族朱传明公率地方仕绅，以銮驾之荣，往平镇社子元和宫恭迎圣火，供民膜拜，祈求合境平安。惟草创之际，经费短绌，因陋就简，依例祈福及还愿叩答神恩外，三官大帝由炉主迎回供奉，虔诚礼赞。其后，由当时七里长：后寮—吴祥荣、新兴—陈亲传、后兴—朱清江、龙冈—廖振鹏、龙平—黄昌周、龙东—郭恒毅、龙昌—宋培琳等地方热心人士联名发起，成立兴建委员会，分头募捐，推动筹建计划。深获善男信女热烈回响，踊跃捐输，于一九九〇年农历正月初动工，同年十一月十七日，三官大帝等升殿登龛安座大典，历经十载，鸠工庀材，庄严庙宇，于焉完成。昭明神恩，佑我斯民，万众景仰，永保无疆之休，其辞，恭赞曰：（陶渭新林恭撰）

巍峨宫观	碧瓦雕檐	龙飞凤舞	金碧辉煌
飞龙盘柱	双凤帏屏	浮雕彩绘	古色古香
众信虔诚	伏祈长佑	风调雨顺	国泰民安
泽被万民	神恩浩荡	垂之久远	休祉无疆

附记

此宫初创于1901年，此碑志撰于公元2000年。兴元宫，位于桃园市中坜区龙冈路三段。此文标题下原有"岁次庚辰十一月吉旦"小字，以显示具体撰写时间。

146　八德三元宫序

吕良任　撰

且夫天之高也大也，地之博也厚也，水之深也长也，然高大得三光而长明，博厚载万物而咸亨，深长汇百川而有容。故天地之道，二气分而行四时，穹窿之内，三元合而育万物。充满六合之中，繁荣四方之内，覆也，载也，生也，殖也，悠也，久也。参赞造化，万古常新，古今洋洋大观，惟凭一气。今夫气者，天地之正气也；至于人也，孟谓浩然之气，得正气利国益民，则为圣为神；其身已没，其名不灭，虽死犹生，尚且流芳千古。失正气祸国殃民，则为奸为恶，其人虽在，其心已坏，虽生如死，而且遗臭万年。明乎得失之理，顾其人察其行，而不失其正，可知其为圣为神，猗欤美哉！我八德三元宫，中宫崇奉天地水三官大帝，进宫恭祀天上圣母，暨列圣尊神，由来既久；惜乎前贤无立碑文，金石不勒，缘起传闻乾隆朝地方绅商募集款项创建斯庙。历来香火灵显，肸蚃昭著，风调雨顺，物阜年丰，祈旸祷雨，屡验休征，锡福降祥，惟善是择，赫赫三官，民具而瞻；巍巍乎，神之为功，民无能名焉！颇报德崇功，民之常情，饮水思源，久而弥笃；观丹青脱落，栋宇攲倾，地方人士咸介于心，桑梓绅耆，各不安怀，谋以重新经营改建庙宇。当场选出董事，推进工程，四保广募净财，三村并献砂石，乐捐者争先，赞襄者恐后，众志成城，万汇为海，非苟然也。爰于癸亥孟冬旦，出火拆卸，平旧基、定新碪，大兴土木，允厘金石，凝土为基，炼砖作壁，节棁雕镂，无非艺术之精良；鸟革翚飞，尽是文明之表。现踵事增华，承先垂后，乃于乙丑季冬诹吉还宫皇矣。

大帝如在其上。诗曰：神之格思，不可度思。夫重新庙貌，以昭明德，垂馨香于不替；将来护国安民，多得廉官义士，置社稷于磐石之上，孝子贤孙，处家庭于化日之中；士农工商，东西南北，无入而不自得，亦无往而不利焉。是为序。

一九五五年岁序乙未，时维中秋吕良任撰，邱创乾书

三元宫改筑董事会董事长：邱有中；董事庶务征收：邱家川；董事专务会计：吕良任；

董事征收：邱创盛；

缘首：邱祖荣、邱家信、吕登；

净财捐献者姓名列左（略）。

附记

此宫初创于乾隆时期，此碑序撰于 1955 年。八德三元宫，位于桃园市八德区中山路 2 号。下一篇亦为此宫之碑记，撰于 2016 年。

147 （八德）三元宫重修记

吕昌有　撰

　　盖闻天下间无不朽之作物，亦无不坏之创业，大凡朽坏□□受霜□□□，□历寒暑之继，移日月所照，长沾燥湿之气流所致也。如本宫赖前改建，诸董事之善经善营，创造鸟革翚飞、规模壮丽之宫宇，而物换星移，已四十余星霜矣。又因日据废诸神圣，栈集军需品于此，遂致生白蚁，蛀蚀梁桷，台省光复，随则驱除；复于一九五五年秋，略事整修，颓者复之，倾者补之，究昨昔壮观，地方人士见景生情，不忍坐视，频议重修。乃于一九六五年夏成立修建委员会，群策群力，鸠集净财，并择中秋前二日，兴工修葺，燕眷□□，剪粘装饰，巧织夺目，画栋雕梁，重新髹漆，金碧辉煌，粉壁白砖，光泽映人，石屏龙柱，景彩清新。历二年，内外大为改观，焕然一新，于斯修建乃告完成。是岁仲冬朔日起，举行庆成，清醮三天，叩酬神恩，巍巍圣德，赫赫神威；万民咸戴，记忆犹新，抗战时期，盟机日来空炸，炮雨蔽日，机声镇地，虽庶物微有损失，然逢凶化吉，殆非神力呵护，孰能脱灾险而泰然无恙者乎？如是，圣德昭彰而图报之心弥笃，故修建一而作再而成，重新明德，垂后尤烈，佑启我后人，亦昭示神灵之荫庇也。惟望后之贤达善士，鉴于神恩浩荡，常保宫貌之壮丽，嗣而葺之，庶斯宫永峙乡邑，为一伟大故迹，历百十载而不朽矣。

一九六七年岁次丁未孟冬吕昌有撰，叶承薰书

三元宫修建委员会主任委员邱创乾，外委员四十五名

净财捐献者姓名列左（略）

······

一九六五年，本庙成立修建委员会，拟在一九六七年孟冬本庙要举行台湾光复第一次庆成清醮，全庙宇将焕然一新。惟独前殿左侧及右侧部分墙壁，以及中殿妈祖殿内两边墙壁，旧时以石灰粉刷，日久变枯黄脱漆；当时信众乐捐有限，在委员提议下除乐捐外，以私人名义承捐认领磁砖贴壁，至今五十余载；受历年台风、地震影响，磁砖部分破损、脱落。始于二〇〇一年，经全体委员同意及市府文化局派员实地评鉴，无保留文化价值全部改换石雕，受各界热心信众陆续承领捐献剩余款项，将前殿门面换梁、彩绘、贴金；及增设交趾陶，为了先前捐献者磁砖入壁换成石雕。

特此将当时献赠大德芳名勒碑于左，藉此申谢。

信士：邱垂宗、邱水土、邱创祯、吕芳树、邱娘赐、邱萧荼、邱国墩、邱泉清、李诗水、杨金火、吕芳进、邱林树、邱垂来、杨金明、吕芳益、邱源鉴、邱创比、邱创城、吕芳桔、邱创庆、邱吕月英、吕传来、许松、蔡巫恭、江游全、吕芳在、杨朝宗、邱黄阿琴、吕绸敬献

八德三元宫管理委员会主任委员邱垂宗，副主任委员

吕林小凤，常务监事吕锦城，谨志。

暨全体委员

二〇一六年八月十日

148 （龙潭乡三角林）三元宫序

三林村原名马林埔，后改三角林，再易□□□□□，□□列示，由粤由闽渡海□台，筚路蓝缕，辟□□□□□，□□□气蒸郁，应□弥漫，复有土著生蕃，□□□□□□□，□□议，仰冀神灵保佑，以安民生，□有先□□□□□□□，□□十七年（民前一百三）□□，正月十五日，□□□□□□□，三山国王、福德正神，□分行奉祀。

福德正神镇本□□建祠安奉，三山国王，□□□□□□□□，□镇□城杨家奉祀，三官大帝，则众善信士□□□□□□□□，岁岁均安，□□□□□□□，开物成务，□□□□□□□，□光绪四年（民前三十四年）岁在戊寅，□□□□□□，□□□神威，亦失虔敬之原旨，乃有杨青连□□□□□，□□□，以乙山兼卯分金，土砖瓦造三界庙堂□□□□□□，叶茂南、杨发宇等为庙产管理。

星移物换凡九十五稔，治乱变迁，虽数□□□□□，□□壁颓，栋宇危危欲坠，经众议决，由原址□□□□□

雕梁画栋，重建庙宇一座，名为三元宫，□□□□□也，工程告竣，庙貌焕然，谨涓一九七二年岁次壬子□□□□□，三官大帝登龛正座，观音菩萨，三山国王，□□□□□。

三元宫重建委员会主任委员　□□□□

一九七二年农历十月　□□□□

附记

此碑序撰于 1972 年。三角林三元宫，位于桃园市龙潭区富华街三林段 395 巷 140 号。原文括号中文字"民前"，即民国之前的简称。该碑文因为田野调查时客观条件限制，部分文字不完整，俟后进一步完善。

台中

149 （紫微宫三官大帝）重建碑记

施少峰　撰

　　三官大帝者，天官尧帝、地官舜帝、水官禹帝，也是皆古之圣王功臣，在后世祀以为神。帝德巍峨，天恩浩荡，灵昭三界，惠及万民，立庙奉祀者，遍及闽台，本宫其一也。雍正年间，先民陈平由福建福州府福清县海口赤土里奉为渡海保护神，恭请三官大帝神像来台。其孙陈元谋于乾隆六年入垦本庄，乃由府城台南迎奉于庄内公馆以祀。当时垦地六业户开圳以资灌溉，历尽艰辛，苦于低渠引上之难渥，蒙三官大帝佑恩泽，圳成而水畅，故为共祀之神，鸠资建庙名曰紫微亭。同治六年，陈妈色等六十人组成庆元季祀会，轮值炉主。同治九年购置祀田。一九七四年三月廿六日成立管理委员会，一九八四年庙名改为紫微宫，此为本宫之由来也。溯自乾隆六年陈平庄奉祀三官大帝，迄届二百五十矣。三次重修庙宇，民蒙神庥，百业俱兴，祀内各庄已成新兴之地，高楼栉比、店铺林立，原庙狭窄不足以容信众膜拜。于是前届管理委员会畅议重建，成立重建委员会，广为募捐，而众善信大德咸感神恩，踊跃捐献。一九八五年农历十一月破土兴工，重建二层古式殿宇，一层正殿奉祀主神三官大帝，左侧殿配祀神

农大帝，右侧殿配祀城隍尊神、福德正神；二层正殿恭祀
玉皇大帝，左侧殿配祀道祖老君，右侧殿配祀瑶池金母娘
娘。一九八七年农历十月初七日子时安座，重建新庙历时
七年告竣。计费新台币三千余万元，捐款尚余一千六百余
万元，乐捐者芳名列碑铭，其功德永垂不朽。庙貌之雄
伟，焕然一新，成为中市大庙之一，盖前届主任委员陈阿
选先生暨诸委员、诸执事苦心策划，本届管理委员会主任
委员赖诚吉暨诸委员同心协力，续为克尽前届未尽之全
功，筹办重建庆成祈安建醮，庶几圆满，爰志厥功，以为
之记。

　　岁次辛未，公元一九九一年，阳月吉旦。
　　紫微宫管理委员会主任委员赖诚吉暨全体委员及信徒
敬立
　　台湾传统诗学会施少峰拜撰

附记

　　此碑记撰于 1991 年。紫微宫初创于乾隆六年（1741），1984
年改庙名为紫微宫，后经过两次重建。此宫位于台中市北屯区中清
路二段 568 号。关于此碑记的相关研究，见于：成孝华著，《三官
大帝信仰与地方社会之研究——以台中市陈平聚落为例》，逢甲大
学，硕士论文，2016 年，第 38－39 页。

150　太平三元宫沿革

　　本宫主祀主神为三官大帝，天官、地官、水官（俗称

三界公）。每年农历正月十五曰上元节（元宵），为天官大帝圣诞，尊号上元一品赐福天官紫薇大帝；农历七月十五曰中元节（中元），为地官大帝圣诞，尊号中元二品赦罪地官清虚大帝；农历十月十五曰下元节（谢平安），为水官大帝圣诞，尊号下元三品解厄水官洞阴大帝。其神格仅次于玉皇大帝，职司监察人间善恶，扬善惩恶，深受民间崇信。

大宜欣——旧名溪洲仔（大坑溪与廊子溪冲积的沙洲），土石砂砾居多，故土地贫瘠，且多杂草丛生，不利农事耕作，先贤来此开垦，遍地荆棘，难有收成，致人口稀少，为太平发展最差的地方。遂于一九七一年立春置香案祈求上天请三界公作主，顺利进行溪洲仔地区整治计划，这其间仅有（三界公炉）没有金身，每年掷筊选出新炉主将（三界公炉）请回家膜拜，居无定所。而后，于一九七四年立春，岁次甲寅年元月十三日子时，大帝降灵显化，明示要信众雕塑金身，由时任炉主及地方士绅巫得围、汤炳华、陈王月桃、陈韦舜等集资敦请（蔡炳林）先生雕塑金身并开光点眼。往后每年十月十五日三官大帝圣诞万寿，再掷筊选出新炉主将金身及炉请回家膜拜。多年后经由刘圆、巫得围、詹镒安、陈根狮、朱绍焌、康丁和、陈韦舜、程久雄、刘吉和、洪锦堂等众多热心人士提议成立管理委员会，首任主任委员赖茂荣先生担任。一九九六年岁次丙子年，三官大帝再度显化，指示当年的值年炉主陈韦舜先生，十二年后己丑年须原地重整建庙。当年正月十五日子时天官大帝圣诞万寿团拜时，示意炉主陈韦舜先生由原来的"顺亿宫"正式更名为"三元宫"。

为方便里民参拜，里长杨登圳提议将三官大帝供奉在宜欣活动中心，经杨登圳里长与地方仕绅商议后，将三官大帝迁入活动中心，并以简陋搭起的棚架为暂居所，下雨天（庙外下大雨、庙内下小雨），真是情何以堪。二〇〇七年至二〇一〇年经过十二年后当年的炉主陈韦舜先生继任主任委员之际，二〇〇九年岁次己丑年三月由陈韦舜主任委员发起三元宫整修建庙事宜，配合天时、地利、人和，在极短的时间，几经多少（司法程序）等波折，大家出钱出力，众志成城，团结之心，令人动容，神威显赫的宝殿，令人惊艳地呈现在眼前"三元宫"。二〇一一年至二〇一八年现任主任委员陈正发先生完成本宫金炉整建及公布栏制作，并配合台中市政府（为维护学童上下学安全）拆除活动中心围墙工程，使本宫现有大门视野活动空间更宽阔。

展望未来，持续办理低收入户弱势族群关怀慰助（冬令救济）及宜欣小学弱势学童营养午餐捐助外，现本宫坐落之土地，乃向太平区公所及宜欣国小承租，祈望有朝一日能就地购置使用。多年来，除管理委员会全体委员均能牺牲奉献外，三官大帝之德泽可以说深植于民心，而奉祀神尊圣恩浩荡，灵威显赫庇佑地方社稷，深受善信崇敬，"三元宫"之所以成为太平地区的信仰中心。

附记

此碑志撰于 2018 年。此宫初创于 1971 年，1996 年正式更名为三元宫，后经过不断整修重建，至 2018 年完毕。此宫位于台中市太平区宜昌东路 1 号。

嘉义

151　三元宫沿革志

　　三官大帝世称为三界公，据《神仙通鉴》记载，尧帝定天时以齐七政，封为一品天官赐福。舜帝划十二州以安百姓，封为二品地官赦罪。禹帝治水救民危，封为三品水官解厄。本宫主奉三官大帝源自大陆福建漳州先民渡台时随迎三界公香炉三座，早晚奉祀。即逊清乾隆三十年间，迄今有二百一八年悠久历史。时卜居梅仔坑大坪庄，即现在之梅山乡太平村，由于三界公圣灵显赫，信徒日增，遂成为本境居民之信仰中心，全境信徒乃在每年下元时，以圣筶选出炉主，并轮流过炉奉祀。每年上元盛大庆祝三官大帝圣诞，迄今成习，凡下民有难求之无不感应，是以远近信徒日增，即受崇敬之尊神。

　　迨一九七六年由本村先贤陈有利、王勇、陈贵等首倡建庙，发动捐献，果受大众之赞同热烈回应，众志成城，建立木造简陋之庙宇台座，地址即现在之太平社区活动中心，定名为三元宫。从此神圣更加显赫，香火随之鼎盛，信徒日益增加，遍及全省。

　　至一九七六年，本村弟子简石胆、简能图、简廷龙、简龙朝、简龙华、简应仲、简龙飞、简胜己兄弟有感于原庙宇年久失修、简陋不堪，已不合时宜，建议提出基金于原址进行重建，受当时管理委员会常务监事陈良勤以用地之狭窄对于未来之扩建以及进展必遇阻碍，极力主张迁建现址，获得本村弟子简石胆兄弟之同意，在管理委员会主任委员张文敬赞同下，提交信徒大会，经热烈讨论，获得决议顺利通过，于一九七七年奠基破土升梁，兴建历经两载，至一九七九年农历十一月二十六日内殿先完成入火安座，迄一九八一年农历十一月十三日此重建工程全部告竣。总工程费计新台币一千二百余万元，至此众愿已成，神人共庆，设醮庆成谢土，为在建庙长久期间多蒙本境之村民以及各地善男信女虔诚出力出钱解忧捐献，使得有如今之庄严巍峨，庙貌焕然一新，并加奉玉皇上帝圣位，祈求蒙恩显化，护国佑民，降福无疆，并弘扬孝道之基，以臻尧天舜日大同世界之境，永垂万世不朽。

一九八一年一月，岁次辛酉年葭月
太平三元宫管理委员会　谨志

附记

此碑志撰于 1981 年。此三元宫草创于明末清初，溯源于乾隆三十年（1765）间，后经拆毁、迁址重建和后殿扩建而成今貌，位于嘉义县梅山乡太平村 13 之 1 号。

台南

152　重建三官大帝庙碑记

　　兹我新化里茂冈庄，原本供奉三官大帝，神灵赫耀，普庇四方。奈同治元年地震，庙貌倾颓而墙壁倒坏平地，见者无不目击心伤；迨至辛未，我八角绅耆，共同相议重建，而诸人悦复倡捐，集腋成裘，共成美举；择吉兴工，轮奂一新，重塑圣像，彫梁画栋，砖墙粉壁，庙貌壮观焉。今将捐金诸人姓氏并开用立碑为记。

　　廖得顺捐银一百二贰十元、陈成源捐银八十元、王和顺捐银六十元、李杉捐银三十元、严万源捐银三十元；黄陵云、严晚、严长生、王崐岗、廖铨、林贤舍，以上六户各捐银二十元；许合利捐银一十八元、谢自收捐银一十六元、林港捐银一十二元、林祥捐银一十一元；简文典、汪回、王顺发、吴江海、郑仁和、郑强，以上六户各捐银十元；郑水捐银九元、林翰舍捐银八元、尹炎捐银八元；郑贡、林国、陈搭、郑谟，以上四户捐银六元；杨商辂、谢文姜、陈强、邵水、郑番、陈齐、林勇、林裕、林郡、林茂、林永春，以上十一名各捐银四元；陈振源、谢就元、郑斛，以上三户各捐银三元；王胜泰、车益舜、林保、简国珍、郭闹准、卢发、简春桂、黄石头、邱万、严清来、郭振能、郭标、郑月德、李狮、许汶、陈石虎、林谈、郑庆，以上廿一户各捐银二元；郑兴、谢万月、杨顺、王园，以上四户各捐银一元五角；郑文元、黄法、庄眊、林对、林闹应、叶雹、郭山和、黄文葱、林达、陈钳、梁赛、严杉头、谢春、李文贵、王士角、马成、严顺、张力、谢士廷、林首、萧炎、王旺成、陈当、吴亲、陈法、黄元在、廖钳、郭丝黄、陈神、林添、林贺、黄顺山、潘陈、郭应却、谢扶、林闹、邵油、萧草江、郭炎、蔡妈成、陈当、黄喜、庄达、萧石头、林顺、陈枝全、黄位、林日、许进才、欧天、徐圭、郭兴、马联标、林麟、郑心眊、陈茂、谢成、郭章、程窑瑞、林番、马和尚、欧雹、谢才、陈马、曾建朝、汪等、王闹盘、王在、郭国、吴聘、郑漳龙、汪尚、谢文草、谢贤、魏明、庄郁、谢炳文、许知，以上七十八户各捐银三元八角。合捐银七百一十八元，收来旧捐银一十六元三角七，收来外捐银六十四元，计共新兴以外捐银七百九十八元三角七占。

同治辛未年月日。董事黄陆云，副董廖得顺、严万源、王和顺、王顺发，捐首廖铨、杨联辉、郭振龙、林谈、林钳、陈大九、郑文长、李三公立。

附记

此碑记撰于同治辛未（1871 年），见于：何培夫主编，《台湾地区现存碑碣图志》，（台北）"中央"图书馆台湾分馆，1999 年；又见于：《台南县志稿》卷 10，附录。此庙又称"睦光公厝"，旧称"三界公庙"，位于台南县左镇乡睦光村 6 邻 58–1 号，主祀三官大帝。此庙是左镇乡最早创建之庙宇，乾隆年间，先民林缎、蔡馆由台南府三官庙分香入祀而立，1915 年遭日本殖民者烧毁，后经过多次重建。

153 开基台南三官庙沿革

三官庙，在台南市中区忠义路二段四〇号，原为乾隆四〇年代台湾知府蒋元枢的别馆。主祀三官大帝，以祈天官赐福，地官赦罪，水官解厄。左祀天医真人孙思邈以治病，右祀财神赵公明以求财，兼祀日月神以求日月光华，阴阳调和；祀朱衣、金甲以祈官途顺遂，周公、桃花女以求敦伦欢喜，均为保护家居生活的神祇，与一般寺庙所祀不同。乾隆四十三年，蒋元枢秩满去职，士民改立蒋公生祠，奉禄位牌于右龛，祀神依旧。里民以祠中所祀三官、孙真人、财神、日月神、功名神、欢喜神，为日常生活守护神，敬奉虔诚，香烟鼎盛，为郡城各生祠之冠。

嘉庆初，官府以里民焚香，非为蒋元枢，亵渎生祠威严，另建三界坛于顶打石街，即今空军新生社，以为里民祈神之所。本庙香烟转稀，渐至荒废。咸丰初，蜀医袁明高于此悬壶济世，香火复盛，乃于咸丰十年，由士绅叶履仲总理重建，仍维旧制。有殿三进，前为川堂，中为大殿，祀诸神，后为斋房，延僧住持。日据初依旧，唯以额题"蒋公生祠"，视为官庙，祀神虽存，改充幼儿园。寻移神像至文昌祠，改充日语讲习所，后为汉药制药组合。年久失修，川堂亦因之坍塌。光复后，里民迎回神像，重修殿宇，中兴庙堂，直至今日。本庙分香堂甚多，俨然为祈三官大帝各庙宇的祖堂。本庙原官府开基，原有三尊天官、地官、水官三官大帝神像（上层）。光复后，另由三界坛迎回三尊（中层），共为六尊。三官大帝神像之缘由，另雕太子爷神像合奉。

本庙自乾隆四十三年建庙以来，至一九八六年，历经二百余年岁月，建物破损不堪，无法整修，经委员会提请信徒大会决议通过，于一九八七年六月吉日动土重建本殿，并于一九九〇年六月吉日、旧历闰五月十三日，安座在本庙木殿。重建中，各信徒捐献金额一万元以上者，将其芳名立碑，永志留存。

内殿善男信女乐捐芳名（略）

台南市三官庙管理委员会　全体委员　敬立

一九九〇年六月吉日

附记

此碑志撰于 1990 年。此庙创于乾隆四十三年（1778），现位于台南市西区忠义路二段 40 号。

154　（麻豆）三元宫沿革志

林水相　撰

我麻豆之有三元宫，乃是古麻豆社，原住民平埔人西拉雅奉祀"尪祖公"之"尪祖祠"。溯夷洲、流求、鲲岛

（台湾）南瀛倒风港，原住民平埔人西拉雅盘踞麻豆河渔猎，聚落麻豆社，奉祀阿立祖之祖神——尪祖公。历经各朝代，汉人移驻，形成汉人与原住民杂居，同奉祀尪祖公。荷据、明、清，汉人大量移入，遂将天门三将军"唐、葛、周"奉祀于尪祖祠，后将尪祖祠改为"尪祖庙三元宫，奉祀尪祖公三元真君"。

三元真君乃天门三将军"唐宏、葛雍、周斌"，是道教所称守卫天门之三神将，奉玉旨镇守天、地、水三关。西周时，天门三将军奉旨下凡护周室，劝度世民，济化众生，典献神威，显赫法力，救难救苦，护国佑民，捍灾御患，安邦社稷，神威广被，沐浴黎民，百福同臻，风调雨顺，国泰民安。西周厉王时，"唐、葛、周"为三谏官，辅佐国政；厉王好畋猎，为政专横自断，压制舆论，三谏官进谏："先王以仁义治国，以道德化民，而天下咸服，未闻禽荒也。"屡谏弗听，三谏官弃职，南游于吴，吴王厚礼之。会楚侵吴，王甚忧之。三官进曰："臣等致身以死事大王，自有安邦之谋，但大王无虑耳。"三官迎敌，各用神策，楚惧而降。吴王迁赏三官，拜辞奏曰："臣等客臣也，不敢受赐。"乞居地肺句曲山中修道，吴王月给禄朱问候。厉王崩，太子靖立，是为宣王。三谏官复归周室，辅佐宣王，治国有功，宣王迁三官于东兖，抚治安邦，民受其惠，而国大治。加封侯号：唐宏—孚灵侯、葛雍—威灵侯、周斌—浃灵侯。

周幽王时，幽王荒政宠艳，三谏官进谏弗听。幽王宠艳妃褒姒，废申后、太子宜臼。改封褒姒为皇后，立褒姒子伯服为太子，申后父申侯勾结犬戎攻镐京，幽王骊山被杀，褒姒被掳，诸侯拥立宜臼继王位，迁都洛邑是为平王，史称东周，三官辅佐治国。

历东周、秦、汉、三国、隋、唐，至宋真宗祥符元年东封岱山，至天门，忽见三仙自天而下，帝敬问之，三仙曰："臣奉天命护卫玉驾。"帝封三仙，赐号"三元真君"。宋仁宗至和间，自称梦见其神，遂立庙京师，后渐为民间奉祀，宋徽宗宣和五年，敕赐"威佑将军"庙额。

天门三将军"唐、葛、周"久居唐土，中原京畿，历经各朝代，迨及宋仁宗立庙京师，后渐为黎民建庙奉祀。后随汉人常驾临台岛。但至荷蕃大乱之际，三兄弟直驾台岛久居之处，倒风港麻豆社尫祖祠（三元宫）行医救难，名扬四海，神威赫濯，救世救民，感化人心，归善正果，受黎民膜拜，经年累月，时移境迁，原住民平埔人西拉雅祭祀文化变貌，庙宇汉化，遂以天门三将军"唐、葛、周"三元真君称为"大尫祖、二尫祖、三尫祖"奉祀。

大尫祖：唐宏，字文明，孚灵侯。农历七月二十一日圣诞。唐将军"冢宰"掌邦治。

二尫祖：葛雍，字度、文乐，威灵侯。农历二月十三日圣诞，现在祭典二月初二日办庆，恭祝圣诞千秋。葛将军掌"旌"。

三尫祖：周斌又名武，讳实、宝，字文刚，浃灵侯。农历十月初二日圣诞。现在十月初一日恭祝圣诞千秋。周将军掌"节"。

　　尪祖庙三元宫原为平埔人西拉雅尪祖祠，其庙宇年代与麻豆社同久远，汉化后于：

　　大清乾隆四十四年（公元一七七九年）岁次己亥年荔月初建；

　　大清道光四年（公元一八二四年）岁次甲申年梅月重建；

　　大清咸丰五年（公元一八五五年）岁次乙卯年腊月重建；

　　大清咸丰九年（公元一八五九年）岁次己未年重修；

　　大清同治一十三年（公元一八七四年）岁次甲戌年菊月重建；

　　大清宣统二年（公元一九一〇年）岁次庚戌年端月重修；

　　中华民国四年（公元一九一五年）岁次乙卯年花月重修；

　　公元一九五二年，岁次壬辰年阳月重建；

　　公元一九六九年，岁次乙酉年蒲月重修；

　　公元一九九九年，岁次己卯年花月重建；

　　公元二〇〇一年，元月一十二日，岁次庚辰年，腊月十八日子时入火安座。

　　庙貌鼎新，金碧辉煌，气势雄伟，瑷瑊香烟笼四表，巍峨庙宇壮千秋，真君冠剑森严昭日月，大节神人感应护山河，神威赫濯，俎豆馨香，一诚有贯，百福同臻，风调雨顺，国泰民安。

本角弟子林水相拜撰；

三元宫重建委员会（名单略）；

三元宫管理委员会（名单略）。

二〇〇〇年十二月吉置

附记

此碑志撰于 2000 年。此庙初建于乾隆四十四年（1779），现位于台南市麻豆区北势里尪祖庙 41 号。

155　尪祖祠记

陈哲雄　撰

尪祖祠乃古麻豆社公廨，公廨为平埔先民议事之处（一六〇三年，陈第《东番记》），祭祠之所（一六二七年荷人 Candidius，一七二四《诸罗县志》，一八九五《安平县杂记》）。尪祖祠始建于何时？史无所载，唯平埔先民南岛渡台，西拉雅辟围建宅，结社于此，汉人入垦，分角起厝，以"尪祖庙"为聚落名，当知公廨之建，源远流长。史载："阿立祖公廨遗址可考者，……一在尪祖庙，此庙到目前正殿神案上，尚供奉槟榔及供向魂休息的三碗清水，神案下也立有壶，将军柱等。"公元一九八八年十一月二十八日庙婆沈蜜女士往生后，阿立祖之供奉被废。

从此，太祖云游四海，流落他乡，而向魂星散，休息无处，乃我麻豆社乡土憾事！公元二〇〇一年三元宫（尪祖庙）重建落成。太祖欲重返，祥光祖地之神迹渐显，同时地方文史、艺术工作者基于使命，也有筹组尪祖文化工作室之议。二〇〇七年六月，太祖驾临麻豆北势里三洽宫，降乩指示重建麻豆公廨。经三元宫（尪祖庙）管理委员会决议重建。同年九月七日卯时动土，历三月有余，砖造单间公廨竣成，颜曰"尪祖祠"，并于二〇〇八年岁次农历戊子元月十二日（公历二月十八日）点请，太祖、谢土，点猪、插珠、牵尪姨、设向、禁向、牵曲庆成，而赞以文曰：

婆娑之洋浪滔滔，原民入台自南岛。祖灵护舟平安渡，七年苦旱济众生。

牵曲夜祭兼嚎海，酬答太祖庇佑恩。三元真君充隆祀，祖尚自然忌大源。

公廨单间宁净地，祖灵永镇公廨埔。埔汉共祠人共生，族群融合福同享。

唐山祖公原祖嬷，汉埔血液同奔流。凡我多士及有朋，义勇奉公台湾情。

尪祖祠庙馨香远，光我麻豆社万年。

尪祖庙角　弟子　陈哲雄　沐手恭撰
三元宫（尪祖庙）管理委员会　谨置
公元二〇〇八年二月吉日

附记

此碑记撰于 2008 年。此祠乃为公廨，在麻豆三元宫重建后，于 2008 年重建落成，附于麻豆三元宫主殿后面，为砖造的单间公廨。

156 台南市三官大帝庙创建之沿革

三官大帝系在明末清初，当时庙名为三界坛，是为现在台南市中正路头，消防大队址。由于日据时代，日人强制拆除后，其香火由陈府（现任本庙坛主陈连平）请回家中膜拜。民国三十六年五月起，经常目睹香炉香灰滚滚不已（俗称发炉）；及至一九五八年掷筊请示，往后于家中起乩且隐名救世，以是设坛受众信徒的膜拜，正名为圣安宫，位于台南市开山路三十五巷四十二号。弘法济世，受惠者不计其数；香火鼎盛，终日不已。每年农历正月十五日为主祀祭奠日，因奉拜之主神本意救世期限为期十二年，故称之为三王爷（谓称），但不知其详；而后经众善信力求之，续度化至今。

一九六三年，正式集合十六位代表性信徒成立董事会，推选张丁诰出任董事长。一九六六年，王爷神威显赫，香火鼎盛，无远弗届，由于庙小地狭，无法容纳，日益增多的善信，同年六月间由张董事长来选庙地筹备建庙事宜。

承神明指示在新兴路建庙，玉勒赐名为三官大帝庙三官大帝，并恳求请示三王爷之真实身份，而后正式尊称为宫府三殿下。于一九六七年迁至现址，台南路新兴路二三四号，搭建简便神坛，以便众信可膜拜；同年十一月廿四日夜间二点举行奠基大典，一九七六年大殿完成，同年十一月十五日举行安座大典。一九七八年全部创建工程完竣，于同年农历十二月廿四日举行建醮大典。

创建董事会芳名（略）

一九八二年六月廿一日改组成立管理委员会

附：后殿扩建事迹及沿革

一九八二年六月间，经信徒大会成立管理委员会，在首届主任委员陈启章大德领导下，庙务进行极为顺利。由于神迹灵显，有求则应，信众日日俱增，以致殿内显得极为窄小之感，于是经众委员信徒，奔走多年之下，终取得后殿之地。遂于二〇〇〇年农历五月启建后殿，工程直至二〇〇一年八月完成。后殿结构与庙貌，能与前殿一气连贯，相互辉映，正有万道紫气，临东土之阔；五彩卿云，荫南天之祯祥瑞霭。但后殿庙貌虽美，然内部精细雕琢，尚未完成，续建工程由第五届与第六届管理委员会继续进行；然奇缘新乩诞生后，遵奉本庙神明指示，终将内殿所有细部美化工程全部完竣，方达此规模宏伟、庄严、美轮美奂、气势巍峨之现貌，并择岁次戊子年成立建醮委员会，隆重完成庆成谢恩祈安七朝福醮。谨志始末，岁次戊子年阳月吉旦。

附记

　　此碑志正文撰于 1982 年，附文撰于 2002 年。此三官大帝庙，草创于明末清初，后经拆毁、迁址重建和后殿扩建而成，现位于台南市南区新兴路 234 号。

高雄

157　三元殿重建落成纪念沿革

刘振村　撰

三元殿雄踞于高雄县林园乡中厝村，右临名胜清水岩等，左毗大寮鲤鱼山，前迎淡水溪，复依凤凰岭，傍山环水，清雅优美，风光明媚，景色宜人，真乃世间之福地也。本殿贡奉唐尧帝、虞舜帝、夏禹帝，三帝皆属吾国始祖黄帝之后代。各因辅先帝治理政事，功勋彪炳，且能至忠至孝，得宠于先帝传贤让位，相继为后人之共主，尤能修德爱民，百姓星拱，景仰为天子，贤德感动上苍，蒙玉皇上帝宠召，封尧为天官一品赐福紫微大帝，封舜为地官二品赦罪清微大帝，封禹为水官三品解厄洞阴大帝。各守分界，职司所事，世人尊称之为三界公。每年农历元月十五日、七月十五日、十月十五日，为上元、中元、下元三节，依次为三官大帝圣诞吉日，本殿隆重祭典。三元殿之由来，即肇因于此。三官大帝庇佑吾土斯民，溯源于公元一六六一年间亦即明末清初时期，郑成功统率我大汉民族，渡海徙居，当时有汉刘世祖彭城刘裕支族，沿淮泗流域，绵延至福建漳州府，彭城县集居之彭城堂诸多后人，追随郑成功渡海来台，嗣即落脚于台南府凤山县小竹下里金京潭（即今之林内、中厝、潭头，三村原称三庄）继之以后有多宗族迁此居住，胼手胝足，斩荆披棘，兴宅建厝，安居下来；适新居甫告完成后，有一天倾盆大雨，洪水泛滥，上苍神明有意造福吾土吾民，突于夜间显现毫光，再三指引，毫光之处有一桶盘，盘上有铜炉一只，炉内插香三炷。正值此时，三官大帝显示转达德意，嘱庄民将此香炉妥慎悬挂三界公厅梁，焚香敬拜，将必赐福众生。台湾光复后村人则依示奉行，并纠集群力兴建三元殿一座，悬炉于殿内，尊称曰为三界公炉，每遇灾难急患，遵礼膜拜，乞求保佑，有求必应；人杰地灵，康泰祥和，神威显赫，声震遐迩。无论官民，慕名而来祈福者，不知凡几。三元殿距今已历时数十寒暑，旧殿简陋残破不堪，今时代进步，社会繁荣，村民感念神恩，决再筹集巨资，兴建三元殿一座，历时三载，于一九八四年岁次甲子年全部竣工，大殿壮丽雄伟，气势轩昂，在建造之时，无论大小巨职，莫不精心监制，谨志荦荦要义，奉作纪念。

一九八四年岁次甲子年葭月吉旦，三元殿管理委员会主任委员刘振村敬撰。

捐款名录（略）。

附记

此碑志撰于 1984 年。此三元殿，又称为"林园三庄三元殿"，位于高雄市林园区中厝里三官路 12 号。

参考文献

一、古籍文献

地方志

1. （宋）《嘉定赤城志》，宋元地方志丛刊，第 7 册，中华书局，1990 年。

2. 浙江省地方志编纂委员会，《宋元浙江地方志集成》，第 11 册，杭州出版社，2009 年。

3. （雍正）《阿迷州志》，中国地方志丛书，华南地方，第 258 号，（台北）成文出版社，1975 年。

4. （乾隆）《通渭县新志》，中国地方志丛书，华北地方，第 330 号，（台北）成文出版社，1970 年。

5. （乾隆）《合水县志》，中国地方志丛书，华北地方，第 345 号，（台北）成文出版社，1970 年。

6. （乾隆）《石屏州志》，中国地方志丛书，第 142 号，（台北）成文出版社，1969 年。

7. （乾隆）《裕州志》，中国地方志丛书，华北地方，第 482 号，（台北）成文出版社，1976 年。

8. （乾隆）《获嘉县志》，中国地方志丛书，华北地方，第 490 号，（台北）成文出版社，1976 年。

9. （乾隆）《济阳县志》，中国地方志丛书，华北地方，第387号，（台北）成文出版社，1976年。

10. （乾隆）《云台山志》，中国地方志丛书，华中地方，第468号，（台北）成文出版社，1983年。

11. （嘉庆）《高邮州志》，中国地方志丛书，华中地方，第29号，（台北）成文出版社，1970年。

12. （嘉庆）《松江府志》，中国地方志丛书，华中地方，（台北）成文出版社，1968年。

13. （嘉庆）《长沙县志》，中国地方志丛书，华中地方，第311号，（台北）成文出版社，1976年。

14. （嘉庆）《三州辑略》，中国地方志丛书，西部地方，第11号，（台北）成文出版社，1968年。

15. （道光）《冠县志》，中国地方志丛书，华北地方，第29号，（台北）成文出版社，1968年。

16. （道光）《武陟县志》，中国地方志丛书，华北地方，第481号，（台北）成文出版社，1976年。

17. （道光）《西乡县志》，中国地方志丛书，华北地方，第316号，（台北）成文出版社，1970年。

18. （咸丰）《深泽县志》，中国地方志丛书，华北地方，第511号，（台北）成文出版社，1968年。

19. （同治）《长兴县志》，中国地方志丛书，华中地方，第586号，（台北）成文出版社，1983年。

20. （同治）《安义县志》，中国地方志丛书，华中地方，第260号，（台北）成文出版社，1975年。

21. （同治）《万年县志》，中国地方志丛书，华中地方，第 258 号，（台北）成文出版社，1975 年。

22.（同治）《宿迁县志》，中国地方志丛书，华中地方，第 141 号，（台北）成文出版社，1975 年。

23.（光绪）《顺天府志》，中国地方志丛书，华北地方，第 368 号，（台北）成文出版社，1976 年。

24.（光绪）《文登县志》，中国地方志丛书，华北地方，第 368 号，（台北）成文出版社，1976 年。

25.（光绪）《溧水县志》，中国地方志丛书，华中地方，第 12 号，（台北）成文出版社，1970 年。

26.（光绪）《江阴县志》，中国地方志丛书，华中地方，第 457 号，（台北）成文出版社，1974 年。

27.（光绪）《睢宁县志》，中国地方志丛书，华中地方，第 134 号，（台北）成文出版社，1974 年。

28.（光绪）《吴桥县志》，中国地方志丛书，华北地方，第 224 号，（台北）成文出版社，1968 年。

29.（光绪）《新乐县志》，中国地方志丛书，华北地方，第 210 号，（台北）成文出版社，1968 年。

30.（光绪）《寿阳县志》，中国地方志丛书，华北地方，第 435 号，（台北）成文出版社，1968 年。

31.（光绪）《嘉兴府志》，中国地方志丛书，华中地方，第 53 号，（台北）成文出版社，1970 年。

32.（光绪）《宣平县志》，中国地方志丛书，华中地方，第 182 号，（台北）成文出版社，1974 年。

33.（光绪）《绥德州志》，中国地方志丛书，华北地方，第 298 号，（台北）成文出版社，1970 年。

34. （光绪）《常山县志》，中国地方志丛书，华中地方，第 209 号，（台北）成文出版社，1975 年。

35. （宣统）《南海县志》，中国地方志丛书，华南地方，第 181 号，（台北）成文出版社，1974 年。

36. （民国）《卢龙县志》，中国地方志丛书，华北地方，第 145 号，（台北）成文出版社，1968 年。

37. （民国）《交河县志》，中国地方志丛书，华北地方，第 148 号，（台北）成文出版社，1968 年。

38. （民国）《任县志》，中国地方志丛书，华北地方，第 210 号，（台北）成文出版社，1968 年。

39. （民国）《安泽县志》，中国地方志丛书，华北地方，第 89 号，（台北）成文出版社，1968 年。

40. （民国）《邹平县志》，中国地方志丛书，华北地方，第 358 号，（台北）成文出版社，1976 年。

41. （民国）《全椒县志》，中国地方志丛书，华中地方，第 225 号，（台北）成文出版社，1974 年。

42. （民国）《修武县志》，中国地方志丛书，华北地方，第 487 号，（台北）成文出版社，1976 年。

43. （民国）《桂平县志》，中国地方志丛书，华南地方，第 131 号，（台北）成文出版社，1967 年。

44. （民国）《洛川县志》，中国地方志丛书，华北地方，第 536 号，（台北）成文出版社，1976 年。

45. （民国）《新平县志》，中国地方志丛书，华南地方，第 44 号，（台北）成文出版社，1967 年。

46. （民国）《重修灵台县志》，中国地方志丛书，华北地方，第 556 号，（台北）成文出版社，1976 年。

47.（民国）《阜宁县新志》，中国地方志丛书，华中地方，第 166 号，（台北）成文出版社，1975 年。

48.（康熙）《延庆州志》，中国地方志集成·北京府县志辑，第 5 册，上海书店出版社，2002 年。

49.（康熙）《通州志》，中国地方志集成·北京府县志辑，第 6 册，上海书店出版社，2002 年。

50.（康熙）《安庆府志》，中国地方志集成·安徽府县志辑，第 10 册，江苏古籍出版社，1998 年。

51.（乾隆）《沁州志》，中国地方志集成·山西府志辑，第 39 册，凤凰出版社，2005 年。

52.（乾隆）《新修曲沃县志》，中国地方志集成·山西府志辑，第 48 册，凤凰出版社，2005 年。

53.（乾隆）《新修庆阳府志》，中国地方志集成·甘肃府县志辑，第 22 册，上海书店出版社，2002 年。

54.（乾隆）《毕节县志》，中国地方志集成·贵州府县志辑，第 49 册，上海书店出版社，2002 年。

55.（乾隆）《历城县志》，中国地方志集成·山东府县志辑，第 4 册，江苏古籍出版社，1998 年。

56.（嘉庆）《禹城县志》，中国地方志集成·山东府县志辑，第 10 册，江苏古籍出版社，1998 年。

57.（道光）《大同县志》，中国地方志集成·山西府志辑，第 5 册，凤凰出版社，2005 年。

58.（道光）《滕县志》，中国地方志集成·山东府县志辑，第 75 册，江苏古籍出版社，1998 年。

59.（道光）《巨野县志》，中国地方志集成·山东府县志辑，第83册，江苏古籍出版社，1998年。

60.（道光）《重修仪征县志》，中国地方志集成·江苏府县志辑，第45册，江苏古籍出版社，1991年。

61.（道光）《威远厅志》，中国地方志集成·云南府县志辑，第35册，凤凰出版社，2009年。

62.（同治）《高平县志》，中国地方志集成·山西府志辑，第36册，凤凰出版社，2005年。

63.（光绪）《顺天府志》，中国地方志集成·北京府县志辑，第1册，上海书店出版社，2002年。

64.（光绪）《宁河县志》，中国地方志集成·天津府县志辑，第6册，上海书店出版社，2002年。

65.（光绪）《东光县志》，中国地方志集成·河北府县志辑，第45册，上海书店出版社，2002年。

66.（光绪）《遵化通志》，中国地方志集成·河北府县志辑，第22册，上海书店出版社，2002年。

67.（光绪）《安邑县续志》，中国地方志集成·山西府志辑，第58册，凤凰出版社，2005年。

68.（光绪）《河津县志》，中国地方志集成·山西府志辑，第62册，凤凰出版社，2005年。

69.（光绪）《费县志》，中国地方志集成·山东府县志辑，第57册，江苏古籍出版社，1998年。

70.（光绪）《宣城县志》，中国地方志集成·安徽府县志辑，第45册，江苏古籍出版社，1998年。

71.（光绪）《凤台县志》，中国地方志集成·安徽府县志辑，第 26 册，江苏古籍出版社，1998 年。

72. （光绪）《江阴县志》，中国地方志集成·江苏府县志辑，第 25 册，上海书店出版社，1991 年。

73. （光绪）《睢宁县志稿》，中国地方志集成·江苏府县志辑，第 65 册，上海书店出版社，1991 年。

74. （光绪）《嘉定县志》，中国地方志集成·上海府县志辑，第 8 册，凤凰出版社，2005 年。

75. （光绪）《华亭县志》，中国地方志集成·上海府县志辑，第 4 册，上海书店出版社，1991 年。

76. （民国）《房山县志》，中国地方志集成·北京府县志辑，第 7 册，上海书店出版社，2002 年。

77. （民国）《江津县志》，中国地方志集成·四川府县志辑，第 45 册，上海书店出版社，2002 年。

78. （民国）《宜春县志》，中国地方志集成·江西府县志辑，第 34 册，江苏古籍出版社，1998 年。

79. （民国）《吴县志》，中国地方志集成·江苏府县志辑，第 11 册，上海书店出版社，1991 年。

80. （民国）《武乡县志》，中国地方志集成·山西府县志辑，第 41 册，凤凰出版社，2005 年。

81. （民国）《海城县志》，中国地方志集成·辽宁府县志辑，第 6 册，凤凰出版社，2005 年。

82. （民国）《济阳县志》，中国地方志集成·山东府县志辑，第 14 册，江苏古籍出版社，1998 年。

83. （嘉靖）《磁州志》，天一阁藏明代方志选刊续编，第 3 册，上海书店出版社，1990 年。

84. （嘉靖）《隆庆志》，天一阁藏明代方志选刊，第8册，上海书店出版社，2014年。

85. （崇祯）《吴县志》，天一阁藏明代方志选刊续编，第17册，上海书店出版社，2014年。

86. （崇祯）《松江府志》，日本藏中国罕见地方志丛刊，书目文献出版社，1991年。

87. （崇祯）《嘉兴县志》，日本藏中国罕见地方志丛刊，书目义献出版社，1991年。

88. （万历）《新城县志》，中国地方志集成：善本方志，第63册，凤凰出版社，2014年。

89. 国家图书馆地方志和家谱文献中心编，（万历）《饶阳县志》，明代孤本方志选，第11册，线装书局，2000年。

90. 国家图书馆地方志和家谱文献中心编，（崇祯）《大城县志》，明代孤本方志选，第11册，线装书局，2000年。

91. （康熙）《大城县志》，中国地方志集成：善本方志辑，第1辑，第10册，凤凰出版社，2014年。

92. （康熙）《袁州府志》，中国地方志集成：善本方志辑，第2编，第14册，凤凰出版社，2014年。

93. 广东省地方史志办公室编著，（康熙）《乳源县志》，广东历代方志集成·韶州府部，第8册，岭南美术出版社，2009年。

94. （乾隆）《江津县志》，中国地方志集成：善本方志辑，第2编，第74册，凤凰出版社，2014年。

95. 四库禁毁书丛刊编纂委员会，（乾隆）《望都县新志》，四库禁毁书丛刊，史部，第073册，北京出版社，1997年。

96. （光绪）《甘肃新通志》，江苏广陵古籍刻印社，1989年。

97. 金毓绂主编，（康熙）《铁岭县志》，（民国）辽海丛书，第三集，辽海出版社，2009年。

98. （清）彭定求编著，《道藏辑要》（缩印本），巴蜀书社，1995年。

文集

1. 《日下旧闻考》，影印文渊阁四库全书，第497册，（台湾）商务印书馆，1983年。

2. 《沧溟集》，影印文渊阁四库全书，第1278册，（台湾）商务印书馆，1983年。

3. 《文庄集》，影印文渊阁四库全书，第1087册，（台湾）商务印书馆，1983年。

4. 《吴都文萃续集》，影印文渊阁四库全书，第1385册，（台湾）商务印书馆，1983年。

5. 《野航文稿》，影印文渊阁四库全书，第1251册，（台湾）商务印书馆，1983年。

6. 《吴都文萃续集》，影印文渊阁四库全书，第1385册，（台湾）商务印书馆，1983年。

7. 《司空表圣文集》，影印文渊阁四库全书，第1083册，（台湾）商务印书馆，1983年。

8. 《养吾斋集》，影印文渊阁四库全书，第 1199 册，（台湾）商务印书馆，1983 年。

9. 续修四库全书编委会编，《石云山人文集》，续修四库全书，集部，第 1498 册，上海古籍出版社，2002 年。

10. 续修四库全书编委会编，《乐志堂文集》，续修四库全书，集部，第 1528 册，上海古籍出版社，2002 年。

11. 四库全书存目丛书编纂委员会编，《甀甀洞稿》，四库全书存目丛书，集部，123 册，齐鲁书社，1997 年。

12. 四库禁毁书丛刊编纂委员会，《瑞芝山房集》，四库禁毁书丛刊，集部，第 141 册，北京出版社，1997 年。

13. 四库禁毁书丛刊编纂委员会，《求是堂文集》，四库禁毁书丛刊，集部，第 141 册，北京出版社，1997 年。

14. 四库禁毁丛刊编纂委员会，《玄晏斋集》，四库禁毁书丛刊，集部，第 123 册，北京出版社，1997 年。

15. 四库禁毁书丛刊编纂委员会，《侣鸥阁近集》，四库禁毁书丛刊，集部，第 120 册，北京出版社，1997 年。

16. 《世经堂初集》，四库未收书辑刊，集部，第 7 辑，第 29 册，北京出版社，1997 年。

17. 《黄雪瀑集》，四库未收书辑刊，集部，第 7 辑，第 23 册，北京出版社，1997 年。

18. （清）董诰辑，《全唐文》，山西教育出版社，2001 年。

19. 《白茅堂集》，清代诗文集汇编，第 76 册，上海古籍出版社，2010 年。

20. 《皆次斋稿》，清代诗文集汇编，第 79 册，上海古籍出版社，2010 年。

石刻碑志

1. 孙勐、罗飞著，《北京道教石刻》，宗教文化出版社，2011 年。

2. 高剑峰、刘泽民主编，《三晋石刻大全：临汾市安泽县卷》，三晋出版社，2012 年。

3. 梁斌龙主编，《三晋石刻大全：大同市大同县卷》，三晋出版社，2014 年。

4. 常书铭主编，《三晋石刻大全：晋城市高平市卷》，三晋出版社，2011 年。

5. 洪洞金石录编辑委员会，《洪洞金石录》，山西古籍出版社，2008 年。

6. 王书珍主编，《迁西石刻》，百花文艺出版社，2007 年。

7. 刘耀庭主编，《鞍山碑志》，沈阳出版社，2008 年。

8. 本溪市博物馆编，《本溪碑志》，辽宁民族出版社，2016 年。

9. 王晶辰主编，《辽宁碑志》，辽宁人民出版社，2002 年。

10. 陈垣编纂，陈智超、曾庆瑛校补，《道家金石略》，文物出版社，1988 年。

11. 吴亚魁著，《江南道教碑记资料集》，上海辞书出版社，2007 年。

12. （明）陈暐著，《吴中金石新编》，石刻史料新编，第 3 辑，第 5 册，（台北）新文丰出版公司，1968 年。

13. 潘明权、柴志光编，《上海道教碑刻资料集》，复旦大学出版社，2014 年。

14. 冼剑民、陈鸿钧著，《广州碑刻集》，广东高等教育出版社，2006 年。

15. 龙显昭主编，《巴蜀佛教碑文集成》，巴蜀书社，2004 年。

16. 萧霁虹主编，《云南道教碑刻辑录》，中国社会科学出版社，2013 年。

17. 楚雄彝族自治州编，《楚雄彝族自治州文物志》，云南民族出版社，2008 年。

二、近现代著作

地方志整理著作

1. （元）刘大彬编、（明）江永年增补，王岗点校，《茅山志》，上海古籍出版社，2018 年。

2. （清）周郁滨纂、戴扬本整理，（嘉庆）《珠里小志》，上海社会科学院出版社，2005 年。

3. 中共毕节市七星关区委党史研究室、毕节市七星关区地方志编纂委员会办公室编，《毕节县志》（乾隆、同治、光绪校注本），方志出版社，2017 年。

4. 武陟县档案史志局编，《武陟县志》（道光九年，点校本），2014 年。

5. （清）周家楣、缪荃孙等纂，左笑鸿标点，《光绪顺天府志》，北京古籍出版社，1987 年。

6. 周艳清主编，《民国卢龙县志校注》，光明日报出版社，2019 年。

7. 董耀会主编，《秦皇岛历代志书校注·永平府志清·光绪五年》，中国审计出版社，2001 年。

8. 合水县志编纂委员会编，《合水县志》，甘肃文化出版社，2007 年。

9. 漕泾志编纂委员会，《漕泾志》，上海古籍出版社，1995 年。

10. 王淑真主编，《泊头市水利志》，河北科学出版社，1993 年。

11. 王树凯主编，天津市南开区地方志编修委员会编著，《南开区志》，天津社会科学院出版社，1998 年。

12. 天津市汉沽区地方志编修委员会著，《汉沽区志·文化志》，天津社会科学院出版社，1995 年。

13. 中国人民政治协商会议大城县委员会编，《大城历代文献选编》，河北人民出版社，2016 年。

14. 李澍田主编、蒋秀松点校摘编，《清实录东北史料全辑》（三集），吉林文史出版社，1990 年。

文集

1. 顾沅编，《吴郡文编》第三册，上海古籍出版社，2011 年。

2. 《元代别集丛刊·刘将孙集》，吉林文史出版社，2009 年。

3. 包敬第点校，《沧溟先生集》，上海古籍出版社，

1992 年。

4. 周本淳校点，《震川先生集》，上海古籍出版社，2007 年。

5. 祖保泉、陶礼天笺校，《司空表圣诗文集笺校》，安徽大学出版社，2006 年。

6.《李元阳文集》，云南大学出版社、云南人民出版社，2018 年。

7.《钦定日下旧闻考》，北京古籍出版社，2000 年。

8. 周华斌著，《京都古戏楼》，海洋出版社，1993 年。

专著

1. 成孝华著，《三官大帝信仰与地方社会之研究——以台中市陈平聚落为例》，（台湾）逢甲大学，硕士论文，2016 年。

2. 王鹏辉著，纪宗安、马建春主编，《塞上风华：清代前期乌鲁木齐庙宇的神圣与世俗》，暨南史学，第 10 辑，广西师范大学出版社，2015 年。

后 记

  我与三官研究结缘是从阅读三官碑刻文献开始的。"宇宙之大，可一言而尽者，天、地、水而已"，这一句话让我印象深刻。对天、地、水所代表的自然万物的崇拜和神化，反映出古人对自然由始至终的敬畏。由此而形成的三官信仰及其文化传统，隐隐地包含着古人的自然观以及相关科学知识，以民俗文化的形式，在民间进行传播和普及，简洁而深入人心。我由此想到，中国古代科学的社会功能，是否可以从三官信仰文化传播与传承的实证材料中寻找到一些研究线索和内容？这又增加了我深入阅读三官碑刻文献的兴趣和动力，甚至想要把这些文献系统整理出版。当然，这一想法也与雷伟平博士不谋而合，尽管彼此的研究路径和视角确有不同。

  这些碑刻整理研究的过程，犹如负重爬山，又似扁舟渡海，但是希望始终在前方。重新细读这些碑刻文字时，从苦苦地搜寻到宝物似的激动与喜悦，到慢慢地忘记时间飞驰的寂静与安宁，一切都缓缓而落，如释重负，心情如湖边微微起伏的水波，一道一道散向苍茫的远处。逝者如斯夫！

  能完成此项任务，离不开家人一直的支持和关爱，感谢感激之情难以言表！非常感谢北京人文在线文化艺术有限公司在出版方面给予的热情帮助和大力支持！

最后，本编的整理与研究难免有疏漏和其他不足之处，敬请方家多多批评指正！

宋军朋
癸卯冬于滴水之畔